Manuel Eduardo De Gorostiza

Contigo pan y cebolla

**Presentaciones de José María Roa Bárcena
y Mariano José de Larra**

Barcelona **2024**
Linkgua-ediciones.com

Créditos

Título original: Contigo pan y cebolla.

© 2024, Red ediciones S.L

e-mail: info@linkgua.com

Diseño de cubierta: Michel Mallard.

ISBN tapa dura: 978-84-1126-143-2.
ISBN rústica: 978-84-9953-017-8.
ISBN ebook: 978-84-9953-016-1.

Sumario

Presentación

Gorostiza nació en nuestro puerto de Veracruz el 13 de octubre de 1789, de una familia española distinguida, cuyo jefe, el general don Pedro de Gorostiza, vino a la Nueva España con el segundo Conde de Revillagigedo, de quien era pariente o amigo, a encargarse del mando civil y militar de aquella plaza. Su madre, doña María del Rosario Cepeda, contaba entre sus ascendientes a Santa Teresa de Jesús, y había heredado su ingenio y afición al estudio, de que dio buenas pruebas en Cádiz. Muerto don Pedro en 1794, la viuda regresó a Madrid con tres hijos, siendo nacidos en España don Francisco, en quien debía recaer el mayorazgo, y don Pedro Ángel, después matemático notable y a quien como literato elogia don Eugenio de Ochoa en el «Tesoro del Teatro Español».

El menor, nuestro don Manuel, habiendo recogido el primero los bienes patrimoniales y abrazado el segundo la carrera de las armas, fue destinado a la Iglesia y emprendió los estudios necesarios. Si aprovechólos, como después lo demostró, la vocación sacerdotal no le vino, y con ayuda de sus hermanos, pajes de la familia real a la sazón, obtuvo plaza de cadete, presentándose a la madre el día menos pensado con uniforme militar en vez de hábitos.

La invasión francesa le halló listo a la defensa de la que entonces era su patria, como la invasión norteamericana le había de hallar muchos años después entre los más distinguidos defensores de su tierra natal. Era capitán de granaderos en 1808; batióse contra los franceses, derramando a ocasiones su propia sangre, y ya coronel, y cambiadas las circunstancias públicas, abandonó las armas en 1814 para entregarse a las letras. Ya en 1821 había escrito y hecho representar en Madrid sus primeras comedias «Indulgencia para Todos», «Tal para cual», «Las Costumbres de Antaño» y «Don Dieguito»; pero el torbellino de la política habíale envuelto en su tromba.

El odio a los invasores no le preservó del virus de la revolución francesa, y la actitud y las leyes de las Cortes de Cádiz tuviéronle de admirador y partidario. Ni era fácil, supuestas las ideas dominantes, cuya filiación española databa del reinado de Carlos III, que un joven de su carácter e inclinaciones dejara de formar en el bando de los Martínez de la Rosa, Alcalá Galiano y

Quintana, y a que en esfera menos activa pertenecían hasta hombres que, como Gómez Hermosilla y Moratín, aceptaron el gobierno efímero de José Bonaparte. Gorostiza llevó a la política la actividad y fogosidad de su carácter y de sus verdes años; y el príncipe que había asombrado al mundo con los rasgos de su deslealtad filial en Aranjuez, de su humillación y bajeza en Valencey, y de su versatilidad, falsedad y crueldad en el trono, al recobrar el poder absoluto y enviar a los presidios de África a los más ilustres ministros y consejeros de su período constitucional, no podía haberse olvidado del fecundo y entusiasta orador liberal de la «Fontana de Oro».

Proscrito don Manuel Eduardo y confiscados sus bienes, salió de España, recorriendo diversas capitales europeas y deteniéndose algún tiempo en Londres, donde residían otros muchos emigrados españoles. Compartió con ellos las penalidades y escaseces del destierro, tanto más duro para él cuanto que tenía que atender a familia propia, pues se había casado en Madrid con doña Juana Castilla y Portugal. Las letras, que solo por afición cultivó antes, fuéronle ahora recurso eficaz de subsistencia. Escribía en periódicos sobre materias varias, y especialmente contra el absolutismo dominante en España.

En 1822 había publicado en París su «Teatro Original», con las comedias que acabo de citar y que aparecieron dedicadas a Moratín; y tres años después, imprimió en Bruselas su «Teatro Escogido», en que de la edición anterior solo reprodujo «Indulgencia para Todos» y «Don Dieguito», presentando como nuevas piezas «El Jugador» y «El Amigo Íntimo», y poniendo al frente su retrato, que es el generalmente conocido y que no da idea de la vivacidad y animación de su gesto. Entretanto, México había realizado su independencia, y siguiendo la propensión que en su adolescencia acompaña a los pueblos como a los individuos, de llamar la atención ajena y de crearse relaciones que prometen grandes bienes, trataba de hacerse representar dignamente en el exterior, y por medio de sus agentes invitó a Gorostiza a asumir la ciudadanía mexicana y a encargarse de importantes comisiones diplomáticas. A consecuencia de ello, nuestro representante en Londres, don José Mariano de Michelena, en julio de 1824 dirigió al Gobierno un ocurso de Gorostiza ofreciendo sus servicios a México; y antes de terminar el año, se le encargó una misión confidencial en Holanda. Su familia, que había quedado en Madrid, se le reunió después en Bruselas de donde en 1829 pasó don Manuel de encargado de negocios a Londres. De esta última corte, y siendo ministro plenipotenciario, después de la caída de Carlos X, fue dos veces a París con el carácter de enviado extraordinario, logrando ajustar nuestro primer tratado de amistad y comercio con Francia. Tuvo, además, misión confidencial de la administración de Bustamante para arreglar el reconocimiento de nuestra independencia por España, de que se desistió en virtud de sus informes; había estado asimismo con carácter diplomático en Berlín, y para apreciar el resultado general de sus gestiones, bastará recordar que él negoció casi todos nuestros primeros tratados con potencias extranjeras. Por entonces, escribió e imprimió en Londres su obra dramática más notable a mi juicio, «Contigo pan y cebolla»; refundió «Las costumbres de antaño», y dio a luz una «Cartilla política» que acaso aun más que sus servicios diplomáticos le ganaría la voluntad de nuestros hombres de 1833. Vino en ese año con su familia a México, hallando desde Veracruz cordial y entusiasta recibimiento; y supuesto su positivo mérito y lo avanzado de sus ideas liberales, nada extraño fue verle aquí nombrado bibliotecario nacional y síndico del Ayuntamiento, ni que la administración de Gómez Farias le hiciera miembro de la Dirección General de Instrucción Pública, en que figuraban Rodríguez Puebla, Quintana Roo y algunos otros personajes, y que, como es sabido, llegó a ser una especie de consejo privado en que se discutieron y resolvieron las más graves cuestiones políticas de la época.

El historiador Mora, Ercilla de esta nueva Araucana, habla de la aquiescencia de Gorostiza respecto de las medidas dictadas en materias eclesiásticas, y de la parte activa que tomó en el plan de secularización de la enseñanza y en la formación de la biblioteca; pero de su animado relato de aquellos días terribles en que se proscribían en masa los partidos, nada se deduce en menoscabo de los humanos sentimientos del autor de «Indulgencia para todos», ajeno a los odios y a las persecuciones personales que anublaban el horizonte, y en cuanto a sus ideas y tendencias políticas, si las ensalzara perdería yo todo derecho a vuestro aprecio. Cambiaron los tiempos; pero, puestas ya en relieve las altas dotes de nuestro don Manuel Eduardo, siguió desempeñando a intervalos papel notable en la administración pública, ya como consejero, ya como ministro de Relaciones o de Hacienda, cuyas secretarías tuvo diversas veces a su cargo; ya, en fin, como plenipotenciario en el arreglo de las cuestiones que en 1838 provocaron la guerra con Francia.

Infatigable en su actividad, la consagraba ora a la instrucción general y a la de los niños de la Casa de Corrección, cuyo establecimiento fue objeto particular de sus desvelos; ora al teatro, cuya afición jamás le faltó, y a que dio impulso por todos los medios posibles, haciendo venir, en mucha parte a su costa, la primera compañía de ópera, y constituyéndose empresario del Principal, para cuyo fomento refundió y tradujo multitud de piezas extranjeras, entre ellas la «Emilia Galotti», obra de bastante mérito, del dramaturgo alemán Lessing. Aun debía figurar, sin embargo, en escenario más importante y noble, y sus últimos años nos ofrecen hechos merecedores de eterna recordación y que vinieron a coronar dignamente una vida empleada casi toda en el servicio de su patria. Refiérome a su misión diplomática en los Estados Unidos y a la parte que tomó en 1847 en la defensa del territorio nacional.

•••••

Tras las batallas de Palo Alto y Resaca, la toma de Monterrey, la jornada gloriosa aunque estéril de la Angostura, la ocupación de Tampico, la rendición de la humeante y heroica Veracruz y el tremendo desastre de Cerro Gordo, el cañón norteamericano tronó en el Valle mismo de México, y un pueblo vencido ya en cien combates, pero conservando el ánimo sereno que heredó de sus dos razas progenitoras, se agrupó en torno de sus banderas destrozadas a defender la capital de la República. El diplomático ilustre que había sostenido en Washington la causa de la justicia, la causa nacional, quiso pelear por ella como soldado, aspirando a sellar con su propia sangre sus palabras y sus escritos. Levantó y organizó un batallón de artesanos, denominado de «Bravos,» y cuando los restos del brillante cuerpo de ejército debelado en Padierna retirábanse en confusión ante las bayonetas del vencedor, el anciano de cerca de sesenta años, fuerte y valeroso y resuelto como en los días de su juventud, se apostaba a la cabeza de sus guardias nacionales en el convento de Churubusco, deteniendo el paso al enemigo hasta quemar el último cartucho y recibirle impávido con los brazos descansando sobre las armas. Si la gloria humana no es sueño, Gorostiza alcanzóla ese día, recibiendo sus palmas en el respeto y la admiración de sus adversarios. Tal fue el último rasgo de su vida pública y en la privada comenzó desde entonces a gustar el cáliz de amargura que tarde o temprano llevamos todos a los labios en el huerto del mundo.

La muerte de una hija suya, las quiebras mercantiles que acabaron con su modesta fortuna, la ingratitud de los gobiernos: todas esas nieblas frías que traen consigo sobre la frente del hombre los vientos de la adversidad al doblarle como frágil caña hacia la tierra que ha de recibir sus despojos, quebrantaron su ánimo, debilitaron su físico, y recibiendo en un ataque cerebral el golpe de gracia, rindió el alma al Criador el 23 de octubre de 1851, en Tacubaya.

José María Roa Bárcena

Crónica de «Contigo pan y cebolla»

El señor de Gorostiza, poeta ya conocido en nuestro teatro moderno, se ha apoderado de una idea feliz y ha escogido un asunto de la mayor importancia. ¿Halo desempeñado como de su talento nos debíamos prometer? Oiga el lector el argumento, y podrá responder a tan atrevida pregunta. Matilde, hija de un padre, que, según de la comedia resulta, no conoce sus inclinaciones ni su carácter, ama a don Eduardo de Contreras, joven de talento, rico, y que ocupa un puesto distinguido en la sociedad; pero ignora estas circunstancias sin embargo de que entra en su casa con frecuencia. Anímase don Eduardo a pedir la mano de Matilde a don Pedro, quien gustosísimo se la concede, pero en el momento de convenir en tan deseado enlace, sabe la heroína que don Eduardo no es pobre, nota que no hay en esta boda los obstáculos que en las de sus novelas ha leído, desama de pronto a quien tanto amó y despide a don Eduardo.

Éste, que conoce de donde le viene el golpe, propone al padre, aturdido de tal mudanza, una ingeniosa ficción que ha de llevar a cabo sus deseos. Fíngese desheredado de un tío suyo, y desairado por don Pedro; aparenta la novelesca desesperación de un amante despedido, y estos extraordinarios medios hacen renacer el acomodaticio cariño de Matilde, que por lo visto solo ama en casos dados. El padre sigue haciendo del negado, y cuando vienen segunda vez entrambos a importunarle, se lleva la niña de un brazo y despide para siempre al amador. Con esto por fuerza ha de subir de punto la frenética pasión de Matilde: inténtase una escapatoria, la cual se verifica sin maldita la oposición del padre, que está él mismo en el complot que se le arma, y cooperando a ella un pobre criado a quien no le vale su honradez. El padre no ha querido oírle por no verse comprometido a impedir el rapto, y le amenaza por una parte don Eduardo con tirarse un pistoletazo, y por otra Matilde con tragarse un veneno que posee, si no abre una reja, por donde se escapa nuestra deslumbrada, sin embargo de hallarse la puerta libre y desembarazada; y en atención, según dice ella misma, a ser de rigor el salir en semejantes casos por la ventana. En el cuarto acto, que parece un acto de otra comedia, Matilde se halla el día de tornaboda en una miserable boardilla, pero en compañía de su constante esposo; no han comido la víspera, no se han desayunado aquel día: medios, Dios los dé; dinero, por las nubes: en una palabra, pobres de solemnidad y solemnes pobres; la infeliz Matilde tendrá que levantar la cama; ... tendrá que barrer, que jabonar, que pasar hambres, que estar sola, porque su marido habrá de salir a buscar dinero. Matilde comienza ya a padecer los inconvenientes de su posición: humíllala el casero, humíllala una antigua compañera de colegio, marquesa, que vive en la misma casa, y que dice que una cosa es casarse, y otra enamorarse; en lo cual no parece su señoría un si es no es verde y alegre de cascos: humíllala, en fin, una vecinilla ordinaria entre cotorra y contrabandista: llora Matilde y conoce su yerro. Vuelve entonces su esposo, y vienen impacientes papá y el criado honrado; descúbrese la ficción, y se van todos muy convencidos de que para quererse mucho es indispensable por lo menos haber comido algo; verdad indisputable de todos los tiempos y países, y que no bastarán a echar por tierra todas las pasiones reunidas que pueden agitar a un mísero mortal. Ya puede inferir el lector qué de escenas cómicas ha tenido el autor a su disposición. El señor Gorostiza no las ha desperdiciado: rasgos hemos visto en su linda comedia que Moliere no repugnaría, escenas enteras que honrarían a Moratín. El carácter del criado y las situaciones todas en que se encuentra son excelentes y pertenecen a la buena comedia: del padre pudiéramos decir lo que dice la marquesa de su marido; ni es feo, ni es bonito: es un hombre pasivo, es un instrumento no más del astuto don Eduardo. Éste es un bello carácter: la carta que escribe es del mayor efecto y pertenece a la alta comedia. El lenguaje es castizo y puro; el diálogo bien sostenido y chispeando gracias,...

•••••

Después de haber tributado el debido homenaje de elogios que de nuestra pluma reclamaba imperiosamente la divertida comedia del señor Gorostiza ¿nos será permitido indicar algunos de los defectos de que rara obra humana consigue verse completamente purgada? ¿Se dirá que nos ensangrentamos, que somos parciales, si ponemos al lado del elogio el grito de nuestra conciencia literaria? Quisiéramos equivocarnos, pero el carácter de la protagonista nos parece por lo menos llevado a un punto de exageración tal, que sería imposible hallar en el mundo un original siquiera que se le aproximase. Estas niñas románticas, cuya cabeza ha podido exaltar la lectura de novelas, no reparan en clases ni en dinero; éste podrá ser su yerro; enamóranse de un hombre sin preguntarle quién es; ésta es su imprudencia: si sale pobre, verdad es, nada les arredra, y en las aras del amor sacrifican su porvenir; mas si sale rico, como ya están enamoradas, por esta sola circunstancia no se desenamoran. Por la misma razón, si tratan de escaparse, y no tienen otro recurso, se arrojan por una ventana; mas si tienen la puerta franca, aquel paso ya no es ni medio verosímil. Esta exageración hace aparecer a Matilde loca las más veces; quiere ser el don Quijote de las novelas. Pero acordémonos de que Cervantes para huir de la inverosimilitud que de la exageración debía resultar, hizo loco realmente y enfermo a su héroe, y una enfermedad no es un carácter. Si la comedia pedía un carácter, era preciso no haber pasado los límites de la verosimilitud, pues pasándolos, Matilde no resulta enamorada sino maniática; por eso en varias ocasiones parece que ella misma se burla de sus desatinos: lo mismo hubiera sucedido con don Quijote si no nos hubiera dicho Cervantes desde el principio: «Miren ustedes que está loco». Peca además el plan por donde los más del mismo poeta: ya en otra ocasión hemos dicho que estos planes en que varios personajes fingen una intriga para escarmiento de otro, son incompletos y conspiran contra la convicción, que debe ser el resultado del arte. En Moliere y en Moratín no se encuentra un solo plan de esta especie: el poeta cómico no debe hacer hipótesis; debe sorprender y retratar a la naturaleza tal cual es; esta comedia hubiera requerido una mujer realmente enamorada, y que realmente hubiera hecho una locura, como en «el Viejo y la Niña» sucede; verdad es que entonces no hubiera podido ser dichoso el desenlace, y acaso habrá huido de esto el señor Gorostiza; éste era defecto del asunto, así como lo es también la aglomeración en horas de tantas cosas distintas, importantes, y regularmente más apartadas entre sí en el discurso de la vida. Si Matilde no se ha de casar más de una vez con Eduardo, si esa vez que se ha casado no ha hecho realmente locura alguna, supuesto que Eduardo es rico, ¿de qué puede servirle el escarmiento y el ver lo que le hubiera sucedido si hubiera hecho lo que no ha hecho?

—A ella no, nos contestarán, —a los demás que ven la comedia.

—Tampoco, responderemos, —porque las que crean en novelas al pie de la letra, creerán al pie de la letra en la comedia, que es otra nueva novela para ellas; en la novela leen que aquél que se presentó incógnito se descubre ser luego hijo de algún señorón oculto, y en la comedia se descubre ser rico luego el pobre. Se enamorarán pues, sin cuidado, seguras de que hacia el fin de su boda se ha de descubrir la riqueza del marido, así como creían que debían salir por la ventana por decirlo las novelas.

A pesar de estas observaciones, que no podemos menos de hacer, nos complacemos en repetir que es mayor la suma de las bellezas que la de los defectos de la comedia. El señor de Gorostiza ha adquirido un nuevo laurel, y nosotros quisiéramos que la obligación de periodista se limitara a alabar: mucho nos daría que hacer aun en este caso esta composición dramática. En cuanto a la representación, podemos asegurar que no nos acordamos de haber visto en Madrid nada mejor desempeñado en este género.

Mariano José de Larra

Contigo pan y cebolla

Personajes

Don Pedro de Lara
Doña Matilde, su hija
Don Eduardo de Contreras
Bruno, criado de Don Pedro
La Marquesa
El Casero
La Vecina

Acto primero

La escena pasa en Madrid; los tres primeros actos en una sala bien amueblada, aunque algo a la antigua, de la casa que habita don Pedro, y el último acto en un cuarto muy miserable y en donde habrá solo una mala cama, dos o tres sillas de paja vieja, un brasero de hierro etc.

Escena I

Doña Matilde y Bruno

Doña Matilde   ¡Bruno!

Bruno   Jesús, señorita, ¿ya se levantó usted?

Doña Matilde   Sí, no he podido cerrar los ojos en toda la noche.

Bruno   Ya se habrá usted estado leyendo hasta las tres o las cuatro, según costumbre...

Doña Matilde   No es eso...

Bruno   Se le habrá arrebatado el calor a la cabeza...

Doña Matilde   Repito que...

Bruno   Y con los cascos calientes ya no se duerme por más vueltas que uno dé en la cama.

Doña Matilde   Pero hombre, que estás ahí charlando sin saber...

Bruno   ¿Conque no sé lo que me digo? Y en topando cualquiera de ustedes con un libraco de historia o sucedido, de ésos que tienen el forro colorado, ya no ha de saber dejarlo de la mano hasta apurar si don Fulano, el de los ojos dormidos y pelo crespo, es hijo o no de su padre, y si se casa o no se casa con la joven boquirrubia que se muere por sus pedazos, y que es cuando menos sobrina del Papamoscas de Burgos: todo mentiras.

Doña Matilde   ¿Acabaste?

Bruno   No señora, porque es muy malo, muy malo leer en la cama...

Doña Matilde   ¡Aprieta! ¿Y no ha venido nadie?

Bruno   Nadie ... ah, sí, vino el aguador con su esportilla y su...

Doña Matilde   ¿Qué tengo yo que ver con el aguador ni con su esportilla?

Bruno   ¿Esperaba usted acaso otra visita a las siete de la mañana?

Doña Matilde   No... Sí... ¡Válgame Dios, qué desgraciada soy! (Sentándose.)

Bruno   ¡Desgraciada! ¿Qué dice usted?

Doña Matilde   ¡Oh, muy desgraciada, muy desgraciada!

Bruno   Pues señor, ¿qué ha sucedido? acaso su papá de usted...

Doña Matilde   No, papá duerme todavía y estará sin duda bien lejos de soñar o de pensar que el terrible momento se aproxima en que va a decidirse para siempre el porvenir de su hija única y querida ... ¡para siempre! Ay, Bruno, si tú pudieras comprender toda la fuerza y la extensión de esta palabra «¡para siempre!»

Bruno

Sin contar que el día menos pensado nos va a dar usted un susto con la luz y la cortina.

Doña Matilde

Mira, Bruno, que estás muy pesado.

Bruno

Siempre las verdades pesan, señorita, amargan y se indigestan.

Doña Matilde

Qué disparate, sino que anoche cabalmente ni siquiera hojeé un libro. Buena estaba yo para lecturas.

Bruno

¿Estuvo usted mala, eh? Y cómo no quiere estar usted mala con ese maldito te que ha dado usted en tomar ahora en lugar del guisado y de la ensalada, que todo cristiano toma a semejantes horas. Yo no digo por eso que el te no sea saludable ... pero al cabo no pasa de ser agua caliente; solo podía habernos venido de Inglaterra, que como allí son herejes, ni tendrán vino, ni bueyes cebones, ni ... ¿Qué está usted curioseando por esa ventana?

Doña Matilde

Nada; miraba si ... ¿qué hora será?

Bruno

Las siete dieron hace rato en San Juan de Dios. ¡Vaya, y qué tonto me hace usted! Conque ¿no comprendo lo que quiere decir «para siempre»? Para siempre es lo mismo que decir a uno «hasta que te mueras».

Doña Matilde	Decía solo que si tú pudieras discernir bien y avalorar las sensaciones de diferente naturaleza que semejante palabra excita, fomenta, inflama...
Bruno	No, en efecto, todo eso para mí es griego.
Doña Matilde	Y pone en combustión, entonces es cuando estarías en estado de... ¿Pero quién anda en la antesala?
Bruno	Será quizá el gato que habrá olfateado ya su pitanza.
Doña Matilde	Él es, él es.
Bruno	¿Quién había de ser? Minino, minino.

Escena II

Don Eduardo, Doña Matilde, Bruno

Doña Matilde	¡Eduardo!
Don Eduardo	¡Matilde!
Bruno	¡Calle, pues no era el gato!...
Doña Matilde	Creí que no acababa usted de llegar nunca.
Don Eduardo	Amanece todavía tan tarde ... y a no haber venido sin afeitarme...
Doña Matilde	¡Oh! eso no; hubiera sido imperdonable en un día tan solemne, como lo es éste, el que usted se hubiera presentado con barbas.

22

Don Eduardo	Y sobre todo, hubiera sido poco limpio.
Doña Matilde	Si usted hubiera tenido que viajar en posta tres o cuatro días con sus noches ... como a otros les ha sucedido ... para poder llegar a tiempo de arrancar a sus queridas del altar en que un padre injusto las iba a inmolar ... ya era otra cosa ... y aun cierto desorden en la «toilette», hubiera sido entonces de rigor; pero como usted viene solo de su casa...
Don Eduardo	Que está a dos pasos de aquí, en la calle de Cantarranas.
Doña Matilde	Por lo mismo ha hecho usted bien en afeitarse y en ... mas a lo menos trataremos de recuperar el tiempo perdido. ¿Bruno?
Bruno	¿Señorita?
Doña Matilde	Anda, y dile a papá que el señor don Eduardo de Contreras desea hablarle de una materia muy importante.
Bruno	No creo que el amo se haya despertado todavía.
Doña Matilde	¿Qué sabes tú?
Bruno	Porque nunca se despierta antes de las nueve, y porque...
Don Eduardo	Quizá valga más entonces que yo vuelva un poco más tarde.

Doña Matilde	No, no; ¿a qué prolongar nuestra agonía? Anda, Brunito, anda, si es que mi felicidad te interesa.
Bruno	Bueno, iré; pero lo mismo me ha dicho usted en otras ocasiones, y luego la tal felicidad se vuelve agua de borrajas.
Doña Matilde	¡Bruno!
Bruno	Iré, iré, no hay que atufarse por eso.

Escena III

Doña Matilde y Don Eduardo

Doña Matilde	¡Estos criados antiguos, que nos han visto nacer, se toman siempre unas libertades!...
Don Eduardo	En justo pago de las cometas que nos han hecho, o de las muñecas que nos han arrullado. Y éste me parece además muy buen sujeto.
Doña Matilde	¡Oh, muy bueno!... ¡Si viera usted la ley que nos tiene ... y lo que le queremos todos! ¡Pobre Bruno! Cuando estuvo el invierno pasado tan malo, ni un instante me separé yo de la cabecera de su cama.
Don Eduardo	Con qué gusto oigo a usted eso, ¡Matilde mía!
Doña Matilde	Nada tiene de particular; sin embargo, una cosa es que sus vejeces me desesperen tal cual vez, y otra cosa es que... ¡Ay Dios, y qué temblor me ha dado!
Don Eduardo	¿Está usted sin almorzar?

Doña Matilde	Por supuesto.
Don Eduardo	Entonces es algún frío que ha cogido el estómago, y...
Doña Matilde	Entonces también temblaría usted, porque es bien seguro que tampoco habrá usted tomado nada.
Don Eduardo	Sí, por cierto; he tomado, según mi costumbre, una jícara de chocolate, con sus correspondientes bollos y pan de Mallorca.
Doña Matilde	¡Chocolate y pan de Mallorca en un día como éste!
Don Eduardo	¿Es requisito acaso el pedir la novia en ayunas? (Sonriéndose.)
Doña Matilde	No; ciertamente que no ... con todo hay ocasiones en que uno debe estar tan absorbido, que necesariamente olvida cosas tan vulgares como el almorzar y el comer. A lo menos yo hablo por mí, y puedo asegurar a usted que ni siquiera ha pasado esta mañana por mi cabeza el que había cacao en Caracas. ¡Ay, Eduardo, está usted demasiado tranquilo!
Don Eduardo	No veo el por qué había yo de estar fuera de mí cuando me lisonjeo con la esperanza de que su padre de usted, que es íntimo amigo de mi tío, me concederá esa linda mano, en cuya posesión se cifra toda mi felicidad.
Doña Matilde	¿Y si se la niega a usted?

Don Eduardo	Si usted hubiera permitido alguna vez que la informara de mi posición, de mi familia, como en varias ocasiones lo he intentado en balde, comprendería usted ahora si tengo o no motivo para no temer el éxito de mi negociación; pero nunca me ha dejado usted hablar en esta materia, no sé por qué, y así...
Doña Matilde	Porque ni entonces quise, ni ahora quiero oír hablar de intereses ni parentescos. Eso queda bueno cuando se trata de esos monstruosos enlaces que se ven por ahí, en donde todo se ajusta como libra de peras, y en donde se quiere averiguar antes si habrá luego que comer, o si habrá con que educar los hijos que vendrán, o que quizá no vendrán. ¿Y yo había de pensar en eso? No, Eduardo, no; yo le quiero a usted, más que a mi vida, pero solo por usted, créame usted, por usted solo.
Don Eduardo	¡Matilde mía!

Escena IV

Bruno y dichos

Bruno	¡Vaya que estaba su papá de usted como un tronco de dormido!
Doña Matilde	¿Y qué ha respondido?
Bruno	Ni oste ni moste: oyó mi relación, se sonrió y echó mano a los calzoncillos.
Don Eduardo	¿Se sonrió?

Bruno	¡Pues! como quien dice «ya sé lo que es».
Doña Matilde	Dios sabe además lo que tú le dirías.
Bruno	Ésta es otra que bien baila: le dije solo que usted me había mandado le anunciase que el señor don Eduardo...
Doña Matilde	¿Ves como al fin habías de hacer alguna de las tuyas?
Bruno	¿Conque usted no me mandó?
Doña Matilde	Sí; pero no había necesidad de decir que era yo la que te enviaba, ni de añadir, como sin duda habrás añadido, que había hablado antes o me quedaba hablando con este caballero.
Bruno	Ya se ve, que le dije también entrambas cosas; ¿y qué mal hubo en ello?
Doña Matilde	Que ya papá no se sorprenderá, y que la escena pierde por lo mismo una gran parte de su efecto.
Don Eduardo	En cuanto a mí, le protesto a usted, Matilde, que me alegro mucho de que Bruno haya en cierto modo preparado a su papá de usted para lo que voy a decirle; porque ahora tendré menos cortedad, y podré desde luego entrar en materia.
Doña Matilde	Bueno... Si a usted le parece así, mejor...
Bruno	Ya siento al señor en la escalera.

| Doña Matilde | ¡Ay Dios... qué susto!... ¡No sé lo que por mí pasa!... ¿Me he puesto muy pálida? Me voy, me voy a mi cuarto ... a suspirar ... a llorar ... a ponerme un vestido blanco... Ven tú también Bruno ... y el pelo a la Malibrán... ¡Oh, y qué crisis!... Allí esperaré a que mi padre me llame... ¡La crisis de mi vida! ... porque siempre me llama en tales casos ... ánimo Eduardo ... valor ... resignación ... si habrá planchado anoche la Juana mi colereta a la María Estuardo ... sobre todo confianza en mi eterno cariño. |

(Vase, llevándose tras sí a Bruno.)

| Bruno | Señorita, que me desgarra usted la solapa. |

Escena V

Don Eduardo y luego Don Pedro

| Don Eduardo | ¡Muchacha encantadora! Es lástima por cierto que haya leído tanta novela, porque su corazón... |

| Don Pedro | Buenos días, señor don Eduardo, muy buenos días iy qué temprano tenemos el gusto de ver a usted en esta su casa! |

| Don Eduardo | En efecto, señor don Pedro, la hora es bastante inoportuna, y bien sabe Dios que no sé cómo disculparme con usted. |

| Don Pedro | ¿De qué, amigo mío? |

| Don Eduardo | Por una visita realmente demasiado matutina e inesperada. |

28

Don Pedro	¿Y quién le dice a usted que yo no esperaba esta misma visita?
Don Eduardo	¿Que me esperaba, dice usted?
Don Pedro	Hoy precisamente, no; pero sí en una de estas mañanas, porque ya había yo notado ciertos síntomas ... ya se ve, a ustedes los enamorados se les figura que un padre cuando juega en un rincón al tresillo, o que una madre cuando está más enfrascada en la letanía de las imperfecciones de su cocinera, no piensa en otra cosa sino en el codillo que le dieron, o en las almondiguillas que se quemaron, y de consiguiente que no notan las ojeadas de ustedes, ni oyen los suspiros, ni se enteran de las peloteras ... pues, no señor, están ustedes muy equivocados; ni el padre ni la madre pierden ripio de cuanto va pasando...
Don Eduardo	Nada más natural, ciertamente.
Don Pedro	Y llevan también libro de entradas y salidas como si hubieran sido toda su vida horteras.
Don Eduardo	Así, señor don Pedro, usted habrá ya observado...
Don Pedro	Sí, señor, ya sé que usted está muy prendado de mi Matilde.
Don Eduardo	Entonces adivinará usted también que el objeto de mi visita es...
Don Pedro	El de pedirme su mano. ¿No es ése?

Don Eduardo	Ése mismo; y si fuera yo tan dichoso que reuniera a los ojos de usted aquellas circunstancias...
Don Pedro	Muchas reúne usted, por vida mía, señor don Eduardo: nacimiento ilustre, mayorazgo crecido, educación, talento, moralidad...
Don Eduardo	Usted me confunde, señor don Pedro.
Don Pedro	Y el ser sobre todo sobrino y heredero de mi mejor amigo ... de ahí que yerno más a mi gusto sería muy difícil que se me presentase.
Don Eduardo	¿Entonces puedo esperar?
Don Pedro	Pero mi hija es la que se casa, yo no; ella es pues, la que ha de juzgar si usted...
Don Eduardo	¡Oh, señor don Pedro, y qué feliz soy! La amable, la hermosa Matilde, me corresponde, no lo dude usted, y está en el secreto, y...
Don Pedro	Tanto mejor, amigo mío, y ahora vamos a ver, porque, con el permiso de usted, la haré llamar; en presencia de usted consultaremos su gusto y su voluntad.
Don Eduardo	No deseo otra cosa, y cuanto más pronto...
Don Pedro	Ahora mismo... ¿Bruno? Que ella venga y se explique, y si dice que sí, entonces... ¿Bruno?
Bruno	Mande usted. (Desde adentro.)

Don Pedro	Porque si dice que no ... ya ve usted ... un buen padre no debe nunca violentar la inclinación de sus hijos.
Don Eduardo	Repito a usted que ella misma...

Escena VI

Bruno y dichos

Bruno	¿Llama usted?
Don Pedro	Sí, ¿dónde está la niña?
Bruno	En su cuarto ... representando, a lo que parece, algún paso de comedia.
Don Pedro	¿Qué entiendes tú de eso? ... dila que venga.
Bruno	O de tragedia, ¿qué me sé yo? ... ello es que se la oye hablar alto ... que está sola ... y que a no haber perdido la chabeta...

(Yéndose.)

Escena VII

Don Pedro y Don Eduardo

Don Pedro	Pues, y como le iba a usted diciendo, señor don Eduardo, yo soy demasiado buen padre para pretender ... luego, ya voy a viejo, estoy viudo, no tengo más que esta hija ... a la que quiero como a las niñas de mis ojos ... no soy además amigo de lloros ni tristezas dentro de casa, y en suma...

Don Eduardo	Si tiene usted en todo mil razones.
Don Pedro	Y en suma, ella hará lo que quiera, como lo hace siempre; aunque eso no quita el que la chica sea muy dócil, y muy bien criada, y muy temerosa de Dios...
Don Eduardo	¡Y es tan bonita!
Don Pedro	Y el que es muy buena hija, y será muy buena mujer propia.
Don Eduardo	Oh, excelente, excelente.
Don Pedro	Y si llega a ser madre...
Don Eduardo	Por supuesto, ¿no quiere usted que llegue?
Don Pedro	Tendrá hijos a su vez, y será también muy buena madre, no lo dude usted, señor don Eduardo...
Don Eduardo	¡Qué he de dudar yo eso señor don Pedro! ¡Poco enamorado estoy a fe mía para dudar ahora de nada!
Don Pedro	Es que no crea usted que es el primero a quien yo le digo todo esto, no señor, y otro tanto, sin quitar ni poner, le dije a mi sobrino Tiburcio hará ahora unos cuatro meses, cuando se quiso casar con su prima.
Don Eduardo	Que fue sin duda la que se opuso al enlace, ¿eh?
Don Pedro	¡Quién había de ser! Y por más señas, que aunque no estuvo el tal enlace tan adelantado como el que seis meses antes tuvimos entre manos, lo estuvo sin

embargo lo bastante para dar después mucho que hablar a la gente ociosa.

Don Eduardo   ¿Y dice usted que hubo otro seis meses antes que lo estuvo más?

Don Pedro   Cien veces más, con el vizconde del Relámpago, un caballero andaluz, maestrante de la de Ronda ... con no sé cuántos millares de pinares, pegujares y lagares ... hombre muy bien nacido, y que yo...

Escena VIII

Doña Matilde y dichos

Don Pedro   Ven, hija mía, y nos dirás si...

Doña Matilde   ¡Ah! Padre mío, y qué criminal debo de aparecer a los ojos de usted; ya sé que debía consultarle antes de comprometerme; ya sé que debía después...

Don Pedro   Cierto, muy cierto, mas ahora...

Doña Matilde   Haber seguido humilde los consejos de su experiencia, de su cariño; ¡pero ay! que no pude, porque arrastrada por una pasión irresistible...

Don Pedro   Si no es eso...

Doña Matilde   Que como una erupción volcánica...

Don Eduardo   Pero Matilde, si su papá de usted...

Doña Matilde	Calle usted; no me distraiga ... se apoderó de mi pobre corazón, que estaba indefenso ... que no había hasta entonces amado...
Don Pedro	Si me dejarás meter baza...
Doña Matilde	Con todo, padre mío, no crea usted que trato de rebelarme contra su autoridad, y si el hombre de mi elección no mereciese, como me temo, el sufragio de usted...
Don Eduardo	Dígole a usted que...
Doña Matilde	Entonces ... no seré nunca de otro ... eso no ... pero gemiré en silencio sin ser suya, o iré a sepultarme en las lobregueces del claustro.
Don Pedro	¡Tú quedarte soltera! ¡Jesús qué desatino! Primero te casaría con un bajá de tres colas, cuanto más que el señor don Eduardo es muy buen partido por todos títulos...
Doña Matilde	¿Qué dice usted?
Don Pedro	De familia muy noble...
Doña Matilde	Eso para mí es tan indiferente como el que fuera inclusero.
Don Eduardo	(Aparte.) Para mí no.
Don Pedro	Y que será muy rico cuando herede a su tío...
Doña Matilde	(Aparte.) ¡Será rico! ¡Qué lástima!

Don Pedro	De quien supongo que heredará también el título que aquél tiene de alguacil mayor de...
Doña Matilde	(Aparte.) ¡Alguacil mayor! ¡Elegante título por vida mía!
Don Eduardo	¡Sí señor, si es de mayorazgo!
Doña Matilde	(Aparte.) ¡También mayorazgo!
Don Pedro	Así, hija mía, puedes tranquilizarte, porque elección más juiciosa, más a gusto mío, más a gusto de todos...
Doña Matilde	(Aparte.) ¡Lo que engañan las apariencias!
Don Pedro	Vamos, era imposible hacerla mejor ... y ya verás lo que se alegra tu tía Sinforosa, y las primas Velasco, y tu padrino el señor Deán, y...
Doña Matilde	(Aparte.) ¡Y todo el género humano; y solo porque es rico! ¡Gente sórdida!
Don Eduardo	¡Ah! ¡Señor don Pedro, tanta bondad! Cómo podré yo pagar nunca...
Don Pedro	Haciéndola feliz, señor don Eduardo.
Don Eduardo	¡Lo será! ¿Cómo quiere usted que no lo sea? Adorada por su marido, mimada por sus parientes, respetada por sus amigos, pudiendo disfrutar de todo, sobrándole todo...
Doña Matilde	(Aparte.) ¡Y eso se llama ser feliz!

Don Eduardo	¿Pero qué tiene usted, Matilde mía? ¿Por qué se ha quedado usted tan callada?
Don Pedro	La misma alegría que la habrá sobrecogido... ¿No es eso, hija?
Doña Matilde	Pues ... en efecto ... y también ciertas reflexiones ... ya ve usted, la cosa es muy seria ... se trata de un lazo indisoluble, de la dicha o de la desgracia de toda la vida...
Don Pedro	Como ya obtuviste mi consentimiento, que era lo que te tenía con cuidado...
Don Eduardo	Y queriéndonos tanto como nos queremos...
Doña Matilde	No digo que no ... y yo agradezco a usted infinito el que me quiera ... ciertamente es una preferencia que me debe lisonjear mucho, y que ... sin embargo, esto de casarse no es jugar a la gallina ciega, y no es extraño que yo me arredre y titubee, y...
Don Eduardo	Bien sabe Dios, Matilde, que no entiendo...
Don Pedro	Vaya, vaya, esos escrúpulos se quitan con señalar un día de esta semana para que se tomen los dichos.
Doña Matilde	Perdone usted, padre mío; yo no puedo en la agitación en que estoy ni decidir ni consentir en nada ... quédese la cosa así ... yo lo pensaré ... yo me consultaré a mí misma ... no digo por esto que este caballero deba perder toda esperanza ... no tal ... aunque por otra parte ... en fin, dentro de tres o cuatro días saldremos de una vez de este estado de incertidumbre ... entre

tanto permítanme ustedes que me retire ... y ... beso a usted la mano... (Aparte.) ¡Mujer de un alguacil mayor! ¡No faltaba más!

Escena IX

Don Pedro y Don Eduardo

Don Eduardo   ¡No sé lo que pasa por mí!

Don Pedro   A la verdad que yo no me esperaba tampoco ... la niña, como le dije a usted, es muy dócil, eso es otra cosa, y muy bien criada, pero...

Don Eduardo   Pero señor, por la Virgen Santísima, si ella apenas hace un cuarto de hora...

Don Pedro   Se lo parecería a usted quizá, señor don Eduardo, porque como ella es tan afable ... quién sabe también si usted interpretaría...

Don Eduardo   Eso es lo mismo que decirme que soy un fatuo, presun- tuoso, que...

Don Pedro   No señor, cómo había yo de decirle a usted eso en sus barbas, sino que a veces los amantes ... vea usted, ni mi sobrino Tiburcio, ni el marqués del Relámpago eran fatuos ni presuntuosos, y también se imaginaron que Matilde...

Don Eduardo   Ya, pero ellos no oirían, como yo oí de sus propios labios ... vaya ... lo mismo me he quedado que si me hubiera caído un rayo.

Don Pedro	Así se quedó cabalmente el marqués del Relámpago cuando...
Don Eduardo	Y le juro a usted que si no la quisiera tan sinceramente...
Don Pedro	Además, no está todo perdido ... ella no ha dicho todavía que no, señor don Eduardo.
Don Eduardo	Pero tampoco ha dicho que sí, señor don Pedro.
Don Pedro	Es verdad, no lo ha dicho; mas quizá lo diga ... tenga usted paciencia ... tres o cuatro días se pasan en un abrir y cerrar de ojos ... y ... conque, señor don Eduardo, a la disposición de usted ... bueno será que yo vaya a ver lo que hace la chica; y no dude usted que si puedo influir...
Don Eduardo	Quede usted con Dios, señor don Pedro, y mil gracias de todos modos.
Don Pedro	No hay de qué, amigo mío, no hay de qué...
(Vase.)	
Don Eduardo	Ya sé yo que no hay mucho de qué... ¡Caramba y qué chasco! Lo peor es que conozco que estoy enamorado de veras. ¡Ah, Matilde!... y quién pudiera presumir ... en fin ¡paciencia!... y esperaré a estar más de sangre fría para determinar lo que me queda que hacer... ¡Ah, Matilde, Matilde!

Acto segundo

Escena I

Don Pedro y Bruno

Bruno   Aquí tiene usted una carta del señor don Eduardo.

Don Pedro   Bueno. Déjala aquí.

Bruno   ¡Qué! ¿No la lee usted?

Don Pedro   ¿Para qué? Si ya sé, poco más o menos, lo que dirá ... que las ... lamentaciones ... como si uno pudiera remediar el que Matilde no le haya querido al cabo.

Bruno   Y vea usted, cualquiera hubiera dicho al principio que...

Don Pedro   También me lo creí yo ... y solo cuando ella me hizo escribirle ayer aquella carta que tú le llevaste, fue cuando acabé de desengañarme.

Bruno   Valiente trabucazo fue la tal carta.

Don Pedro   ¿Qué había de hacer?... Decirle la verdad ... que mi hija no se quería ya casar con él, y que yo lo sentía mucho ... porque en efecto me pesa de ello por mil y quinientas razones ... ya ves tú ... ¿qué dirá su tío?... y luego ... no se encuentra así como quiera un partido tan ventajoso.

Bruno   Pero señor, ¡qué «pero» le puede poner la señorita a don Eduardo! Él es lindo mozo ... muy afable...

Don Pedro	Y muy callado.
Bruno	Y siempre que entraba o salía me apretaba la mano.
Don Pedro	Y nunca me hablaba de dote.
Bruno	Como que es un caballero.
Don Pedro	¡Oh! Todo un caballero.
Bruno	¡Si las muchachas hoy día no saben lo que quieren!
Don Pedro	Ni quieren tampoco.
Bruno	No, lo que es querer ... con perdón de usted ... lo mismo que las de antaño ... sino que se las figura allá yo no sé qué cosas del otro jueves, y ... y con nada se satisfacen.
Don Pedro	Quise indicar que no tienen al parecer tanta gana de casarse como tenían las de nuestros tiempos.
Bruno	Yo diré a usted, las nuestras pasaban sus días y sus noches haciendo calceta ... lo que no pide atención ... y podían pensar entre tanto en el novio y en la casa ... y ... pero las de ahora, como todas leen la Gaceta y saben donde está Pekín, ¿qué sucede? que se les va el tiempo en averiguar lo que no les importa ... y ni cuidan de casarse, ni saben cómo se espuma el puchero.
Don Pedro	Tienes mucha razón, Bruno, mucha ... aquéllas eran otras mujeres.
Bruno	Y éstas no son aquéllas, señor don Pedro.

Don Pedro	También es verdad ... en fin ... ¿cómo ha de ser? La cosa ya no tiene remedio ... así...
Bruno	Así, yo me vuelvo a mi antesala ... a darle sus garbanzos a la cotorrita ... que si me gusta por algo es porque de todas las del barrio es la única que no picotea el gabacho.

Escena II

Don Pedro	(se sienta junto a la mesa, tomando la carta.). ¡Pobre don Eduardo!... ¿Quizá pida respuesta? ¡Qué disparate! Lo que pedirá será lo que yo no le puedo otorgar ... que hable a Matilde ... que me empeñe ... que la obligue ... cosas imposibles ... ¿dónde habré puesto las antiparras? cosas que no pueden hacerse sin ruidos ... ya las encontré ... veamos sin embargo. (Lee.) «Señor don Pedro de Lara, &c. &c. Nada de lo que usted me escribe me ha sorprendido, y yo ya estaba preparado para semejante fallo...» Más vale así, porque unas calabazas ex abrupto son difíciles de digerir ... «lo que sí me ha llenado de satisfacción y de gratitud hacia usted son las finas expresiones con que se sirve manifestarme lo que siente este desenlace...» Como que le decía que hubiera dado un ojo de la cara por poder anunciarle un resultado favorable ... no podía estar más expresivo ... «y siendo aquéllas, en mi concepto, sinceras, me animan por lo mismo a solicitar de usted un favor...» Ya pareció el peine ... «un favor de que va a depender la felicidad de toda mi vida...» ¡Si conoceré yo a mi gente! «la felicidad, quizá de su propia hija de usted, y es que cuando me presente otra vez en su casa me reciba usted lo peor...» ¿Qué ha puesto aquí este hombre?...

«lo peor que le sea posible» ¡Peor dice, y bien claro! «lo peor que le sea posible, esto es, que me trate desde hoy con el mayor despego, que murmure de mí en mi ausencia, que se burle sin rebozo de mi familia y circunstancias, que me calumnie, si fuese necesario, y finalmente...» Vaya, está visto, hay que atarlo ... «y finalmente si Matilde algún día cediere a mis votos, y consintiere en recompensar con el don de su mano tanta constancia y cariño, que usted nos niegue entonces y después su licencia, por más que ella lo solicite, y por más que usted mismo lo apetezca, hasta tanto que yo se la pida a usted en papel sellado.» ¡Repito que se le fue la chabeta!... «Si usted accede, pues, a mi súplica, y me promete, bajo su palabra de honor, hacer bien su papel, y no confiar el secreto a nadie, en este caso nada me quedará que desear, y estoy seguro que muy pronto se podrá firmar su obediente hijo el que ahora solo se dice de usted atento y seguro servidor: Eduardo de Contreras.» Si comprendo una jota de toda esta jerigonza... «Posdata.» ¿Todavía le quedaron más disparates en el buche?... «Ya le explicaré a usted mi proyecto cuando pueda hacerlo a solas y sin dar que sospechar; entre tanto me urge el saber si usted me concede lo que tanto anhelo, y para ello iré dentro de una hora a su casa, y le haré entrar recado por Bruno de que deseo hablarle; usted entonces hágame decir secamente por el mismo que no me quiere recibir, y yo entonces interpretaré esta repulsa a mi favor. Por Dios señor don Pedro, que no logre yo el ver a usted...» ¡Ah, conque es un proyecto!... que luego me explicará ... y a fe que buena falta me hace ... y yo entre tanto solo tengo que hacer ... poco ... muy poco es lo que tengo que hacer; no recibirle, encerrarme en mi cuarto para mayor seguridad ... la cosa no es difícil ... pero, y si tropiezo con él antes de que pueda ponerme al corriente ... entonces ... no le miraré a la cara, ahuecaré la voz ... y le volveré pronto las espaldas ... tampoco esto es muy difícil ... con todo no sé yo si podré ... y por otra parte me parece tan extravagante...

Escena III

Bruno y Don Pedro

Bruno	El señor don Eduardo desea con mucho ahínco hablar con usted.
Don Pedro	(Aparte.) ¡Jesús! Tan pronto...
Bruno	Dice que es materia muy grave...
Don Pedro	(Aparte.) ¡Qué compromiso!
Bruno	Y que despachará en un santiamén.
Don Pedro	(Aparte.) ¿Pero cómo puedo yo negarle un favor tan barato?
Bruno	Yo le he asegurado que usted tendría mucho gusto en recibirle.
Don Pedro	Has hecho muy mal.
Bruno	¡Como usted le estima tanto!
Don Pedro	¿Quién te ha dicho eso?
Bruno	Usted mismo no hace un credo; por más señas que...

Don Pedro	Qué señas ni qué berenjenas ... siempre has de meterte en camisa de once varas.
Bruno	Ya las quisiera yo de tres y media.
Don Pedro	(Aparte.) ¿Pero yo, qué arriesgo en darle gusto?
Bruno	¿Conque, por fin, qué le digo?
Don Pedro	Dile que ... que no le quiero recibir ... anda.
Bruno	Bueno ... le diré que había usted salido por la puerta falsa, y que...
Don Pedro	No, no; que estoy en casa, y que no le quiero recibir.
Bruno	Ya estoy, que siente usted mucho no poderle recibir, porque...
Don Pedro	¡Habrá mentecato igual con sus malditos cumplidos!... No que no puedo, sino que no quiero recibirle, que no quiero; sin preámbulos ni sentimientos, ni ... ¿lo entiendes ahora?
Bruno	Pero eso no se le dice a nadie en sus bigotes.
Don Pedro	Pues tú se lo vas a decir en los suyos ... ¡y cuidado que no se lo digas!... que no quiero recibirle, ni más ni menos... (Aparte.) No dudará ahora de mi amistad. (Vase.)

Escena IV

Bruno, y luego Don Eduardo

Bruno
¡Qué mosca le habrá picado! Jamás le vi tan fosco ... la carta traería sin duda alguna pimienta y ... pero esto no quita que yo trate de dorar la píldora ... no sea también que se enfade y que yo vaya a pagar lo que no debo.

Don Eduardo
¡Lo que tarda este Bruno! (A la puerta.) Ya me falta paciencia ... aquí está solo ... ¡Dios mío, si no se lo habrá dicho todavía!

Bruno
Nadie puede responder de un primer pronto, y...

Don Eduardo
Bruno, le dijo ya usted a su amo... (Entrando.)

Bruno
Perdone usted, señor don Eduardo, si no he vuelto tan luego como ... me entretuve aquí en...

Don Eduardo
No importa, no importa; y ¿qué ha contestado su amo de usted?

Bruno
Ya ve usted ... el amo puede salir por la puerta trasera sin que nosotros lo sintamos...

Don Eduardo
¡Había salido!... Y bien; esperaré a que vuelva; ¡cómo ha de ser!... (Se sienta.)

Bruno
No digo que haya salido, sino que...

Don Eduardo
¿No me quiere recibir? Acabe usted. (Se levanta.)

Bruno
A veces, con la mejor voluntad del mundo, hay momentos tan ocupados en que no se puede...

Don Eduardo	En que no se quiere recibir, ¿querrá usted decir?
Bruno	En que no se puede...
Don Eduardo	En que no se quiere ... ¿a qué andar con rodeos?
Bruno	(Aparte.) ¡También es empeño el de los dos!
Don Eduardo	Vaya ... ¿no es cierto que don Pedro no quiere recibirme?
Bruno	(Aparte.) Estoy por cantar de plano.
Don Eduardo	Ea, no tenga usted empacho ... ¿no es cierto?...
Bruno	Cierto ... ya que usted exige absolutamente...
Don Eduardo	¡Oh! ¡Qué fortuna!
Bruno	¡Fortuna!
Don Eduardo	La de no morirme aquí de repente al oír semejante desengaño.
Bruno	(Aparte.) ¡Qué lástima me da!
Don Eduardo	¿Y don Pedro, por supuesto se serviría de palabras agrias y malsonantes?
Bruno	Oh no señor; el amo es incapaz de...
Don Eduardo	Pero al menos se expresaría ... así ... con cierta sequedad ... ¿eh?

Bruno	Oiga usted, no necesita uno humedecerse mucho la boca para decir «no quiero».
Don Eduardo	¡Y bien, tanto mejor!
Bruno	Si es a gusto de usted...
Don Eduardo	Porque es bien claro que lo que más importa a un desgraciado es llegar a serlo tanto, que ya no pueda serlo más.
Bruno	¿Eso llama usted claro?
Don Eduardo	¿No ve usted que así se pierde toda esperanza y toma uno al cabo su partido?
Bruno	Cuando hay partido que tomar, no digo que no.
Don Eduardo	Ahora quisiera yo que usted, mi querido Bruno...
Bruno	(Aparte.) ¡Su querido Bruno!...
Don Eduardo	Me concediera una gracia que le voy a pedir y que será probablemente la última que le pediré en mi vida.
Bruno	Si está en mi arbitrio...
Don Eduardo	Lo está, y consiste solo en que usted me proporcione una conferencia de dos minutos con su señorita.
Bruno	Pero ¿cómo quiere usted que yo...?
Don Eduardo	Aquí mismo, en presencia de usted ... dos minutos tan solo.

Bruno	¡Así podré oír!
Don Eduardo	Cuanto hablemos ... que yo no soy partidario de misterios ni de cosas irregulares ... lo único que solicito es ver todavía otra vez a doña Matilde ... y probarla con solo tres palabras que yo no era enteramente indigno del tesoro que codiciaba.
Bruno	¿Quién puede dudarlo?... y muy digno que era usted. Con todo, ¿yo, qué puedo hacer? decírselo cuando más a la señorita ... pero si ella sale con lo que su padre ... entonces...
Don Eduardo	Entonces, tendremos los dos paciencia ... y no la volveré a importunar más.
Bruno	Siendo así, voy, pues, y Dios haga que no la coja de mal talante. (Vase.)

Escena V

Don Eduardo y luego Bruno

Don Eduardo	Qué miedo tenía que don Pedro no quisiera prestarse a mi proyecto sin saber antes ... y también que el buen Bruno ... pero hasta aquí todo va viento en popa; ahora solo falta el que Matilde venga, y me dé ocasión para entablar la comedia ... porque si no consigo hablarla, entonces no sé cómo podré...
Bruno	Pues ... lo mismo que su padre. (Entrando.)
Don Eduardo	¡Malo!

Bruno	Me echó con cajas destempladas, y...
Don Eduardo	¿Tampoco quiere verme?
Bruno	Tampoco.
Don Eduardo	(Aparte.) Voto va ... ¿Qué haré? si tuviera papel y tintero ... quizá cuatro renglones ... bien torcidos, como si me temblara el pulso ... y cuatro expresiones bien campanudas ... bien misteriosas...
Bruno	Dijo que nada tenía que añadir ni quitar a lo que la carta rezaba...
Don Eduardo	Allí creo hay uno y otro. (Se dirige a la mesa.)
Bruno	Y que de consiguiente era inútil que ustedes se hablasen.
Don Eduardo	En efecto, aquí hay papel... (Sentándose y escribiendo.) y también pluma ... escribamos. «Matilde ...» sin adjetivo; cuando uno está muy agitado deben dejarse los adjetivos en el tintero.
Bruno	¿Qué escribirá?
Don Eduardo	«¡¡Matilde!!» Dos signos de admiración ... «no tema usted que la importune, no...» Este segundo «no» vale un Perú. «Ya sé que las condenas de amor no admiten apelación, y que no es culpa de usted el que yo no haya sabido agradarla;» Punto y coma ... «pero al menos que la vea yo a usted hoy, que la vea a usted siquiera otra vez, antes que nos separe para siempre el

océano...» ¡No vaya a parecerla todavía poco el océa-no!... «el océano o la eternidad...» Ahora sí que hay tierra de por medio ... nada de firma ... ni de sobre... Bruno, entre usted este papel a doña Matilde.

Bruno   Si...

Don Eduardo   Éntrele usted por la Virgen.

Bruno   Cuando...

Don Eduardo   Mire usted que me va la vida.

Bruno   ¡Santa Margarita!

(Entra precipitadamente.)

Escena VI

Don Eduardo y luego Doña Matilde y Bruno

Don Eduardo   Si esto no la ablanda, digo que es de piedra berro-queña... ¡Pobre de mí, y a lo que me veo obligado para obtener a Matilde!... ia engañarla, a fingir un carácter tan opuesto al mío!... ¡Oh! si yo no estuviera tan convencido como lo estoy de que Matilde me prefiere a pesar de pesares y que me deberá su futuro bienestar, jamás apelaría ... ipero ella es!... Pongámonos en guardia.

(Se sienta como absorbido en una profunda meditación.)

Bruno   Allí le tiene usted hecho una estatua.

(A doña Matilde.)

Doña Matilde	No nos ha sentido ... y en efecto, le encuentro muy desmejorado ... retírate un poco ... no, no tan lejos.
Bruno	¿Si se habrá dormido?
Doña Matilde	He consentido, caballero... (Aparte.) No me oye.
Don Eduardo	¡Ay!
Doña Matilde	¿Suspira?

(A Bruno.)

Bruno	Ya lo creo ... y de mi alma.

(A doña Matilde.)

Doña Matilde	He consentido, señor don Eduardo...

(Acercándose.)

Don Eduardo	¿Quién?... ¡Ah! Perdone usted, Matilde, si absorbido en mis tristes meditaciones ... perdone usted ... la desgracia hace injusto al mísero a quien agobia ... y yo ya me había rendido al desaliento, persuadido a que usted persistiría en su cruel negativa.
Doña Matilde	Quizá hubiera sido más prudente; porque ... ya ve usted, antes de tomar un partido irrevocable he debido pesar todas las circunstancias, y ... no soy ninguna niña de quince años.

Bruno	Como que tiene usted ya sus diez y siete.
Doña Matilde	Diez y ocho son los que tengo, si vamos a eso.
Bruno	Diez y siete.
Doña Matilde	Diez y ocho. ¡Habrá pesado igual!
Bruno	Pero hija, si nació usted el día de los innumerables mártires de Zaragoza, que cayó en viernes en el mes pasado, y entonces hizo usted los diez y siete.
Doña Matilde	Bueno, diez y siete; y lo que va desde entonces acá, ¿no lo cuentas? Si sabré yo que tengo diez y ocho años.
Don Eduardo	¡Indudablemente! Diez y ocho años tiene usted, y más bien más que menos, edad, por mi desgracia, en que ya se calcula y se tiene la experiencia necesaria para conocer lo que se quiere y lo que conviene. Por eso, Matilde, no tema usted que la importune con mis súplicas, ni la entristezca con el relato de mis padecimientos ... no por cierto ... ¿de qué serviría? Usted ha hecho lo que ha debido ... cerciorarse primero de que no me amaba, y quitarme luego de una vez toda esperanza ... nada más natural, ni más de agradecer ... otro más afortunado que yo habrá quizá obtenido...
Doña Matilde	Oh, no, por lo que es eso, puede estar usted bien satisfecho ... ni siquiera me he vuelto a acordar de que hay hombres en este mundo, desde ayer que creí necesario el desengañar a usted.

Don Eduardo	Siempre es ése un consuelo ... aunque por otra parte, si usted podía ser dichosa con otro hombre ¿por qué no me había de alegrar? ¡Ah! Matilde, su felicidad de usted es la única idea que me ha preocupado siempre, y si algún día, en medio de los países remotos en que voy a arrastrar mi mísera existencia, me llegará por acaso la noticia...
Doña Matilde	¡Qué! ¿Se va usted tan lejos?
Don Eduardo	¡Oh! Sí, muy lejos.
Doña Matilde	Arrima unas sillas, Bruno... ¿Y dónde? Esto es, si usted no tiene interés en callarlo.
Don Eduardo	Apenas lo sé yo todavía ... cualquiera país me es indiferente con tal que sea bien agreste y selvático.
Bruno	(Aparte.) ¡Si se irá a Sacedón?
Don Eduardo	He titubeado algún tiempo entre Californias y la Nueva Holanda; pero al cabo puede ser que me decida por la Isla de Francia.
Doña Matilde	¡Allí nacieron Pablo y Virginia!
Don Eduardo	Y el negro Domingo también.
Doña Matilde	En efecto ... siéntese usted, siéntese usted.
Don Eduardo	Es que temería...

Doña Matilde	No, no; siéntese usted ... y como iba diciendo allí fue donde pasó toda su trágica historia, que tengo bien presente.
Don Eduardo	(Aparte.) Más la tengo yo, que la leí anoche de cabo a rabo.
Doña Matilde	¡Y aquella madre señor, aquella madre tan cruel que se empeñó en que su hija había de ser rica!
Bruno	Más cruel me parece a mí que hubiera sido si se hubiera empeñado en lo contrario.
Don Eduardo	Luego hallaré en dicha isla todo cuanto puedo apetecer en mi posición actual; cascadas que se despeñan, ríos que salen de madre, precipicios, huracanes...
Bruno	(Aparte.) No iré yo a la tal isla.
Don Eduardo	Y bosques inmensos de plátanos, cocoteros y tamarindos, con cuyos frutos podré sustentarme, o a cuya sombra podrán reposar tal cual vez mis fatigados miembros.
Doña Matilde	¡Y qué! ¿No tendrá usted miedo de los negros cimarrones?
Bruno	(Aparte.) ¿Quiénes serán esos demonios?
Don Eduardo	¡Ah! ¡Matilde, si viera usted qué poco vale la vida cuando se vive sin deseos, ni porvenir!
Doña Matilde	¡Pobre Eduardo!

Don Eduardo	¿Se enternece usted?
Bruno	También a mí me empiezan a escocer los ojos, si vamos a eso.
Doña Matilde	Ciertamente que no puedo menos de agradecer y admirar el que vaya así a exponerse por mi causa a tantos peligros un joven de tales esperanzas, tan rico...
Don Eduardo	¿Yo rico?
Doña Matilde	Contando con la herencia del tío...
Don Eduardo	No hay duda que he podido ser rico, pero...
Doña Matilde	¿Pero qué?
Don Eduardo	Nada, nada.
Doña Matilde	Explíquese usted.
Don Eduardo	Son cosas mías, que ya no pueden interesar a usted.
Doña Matilde	¡Oh! sí, sí ... hable usted ... lo quiero ... lo exijo...
Don Eduardo	Bueno; sepa usted que cuando el señor don Pedro creía que mi tío aprobaba nuestro proyectado enlace, éste me instaba a que me casase con la hija única del conde de la Langosta...
Bruno	(Aparte.) Familia muy noble en tierra de Campos.
Doña Matilde	¿Y bien?

Don Eduardo	¡Y que mi tío me ha desheredado en seguida, porque no he querido darle gusto!
Doña Matilde	¿Le ha desheredado a usted?
Don Eduardo	Así me lo anuncia en una carta que recibí ayer suya, dos o tres horas antes que Bruno me entregara la de su padre de usted.
Doña Matilde	¿Le ha desheredado a usted?
Don Eduardo	Pues, y por lo mismo nada sacrifico, en punto a bienes de fortuna, al desterrarme para siempre de mi patria.
Doña Matilde	¿Y había de consentir yo en ese destierro?
Bruno	Perrada fuera.
Doña Matilde	¡Yo, que tengo la culpa de todas las desgracias de usted!
Don Eduardo	Pero qué remedio...
Doña Matilde	No, jamás se realizará tan terrible separación ... si es cierto que usted me quiere...
Don Eduardo	¿Lo duda usted todavía?
Doña Matilde	¿Desheredado por mí! ¡Y yo he podido, Dios mío, desconocer un instante tanto mérito!
Don Eduardo	¡No llore usted, por mi vida, Matilde mía!

Doña Matilde	¡Sí, hace usted bien en llamarme suya ... que de usted soy y seré ... que de usted he sido siempre; porque ahora lo conozco, y no tengo vergüenza de confesarlo!
Bruno	¡Pobrecita, qué ha de hacer más que conocerlo y confesarlo!
Don Eduardo	¿Puedo creer tamaña dicha!
Doña Matilde	Ojalá estuviera aquí mi padre, para que en su presencia...

Escena VII

Don Pedro y dichos

Don Pedro	(Aparte.) Si se habrá ya ido.
Doña Matilde	Papá, papá, aquí está don Eduardo.
Don Pedro	¡Hola! Conque...

(Risueño.)

Don Eduardo	Hum.

(Tosiendo.)

Don Pedro	(Aparte.) ¡Canario! que se me olvidaba el encargo...
Doña Matilde	Y ya nos hemos explicado cierto «qui pro quo» que había ... y ... nos hemos mutuamente satisfecho ... y...
Don Pedro	¡Oh! pues si se han satisfecho ustedes, entonces...

(Risueño.)

Don Eduardo   Hum.

(Tose.)

Don Pedro   (Aparte.) ¡Maldita carraspera!

Doña Matilde   ¿No es verdad, papá, que usted se alegra de ello, y que?...

Don Eduardo   Achí.

(Estornuda fuerte.)

Bruno   «Dominus tecum.»

Don Pedro   No, hija mía, no me alegro de semejante cosa ni tampoco puedo aprobar ... porque ... después de todo, y ... en fin, yo me entiendo, yo me entiendo.

Doña Matilde   Yo soy la que no entiendo a usted, papá mío, porque...

Don Eduardo   Su papá de usted, Matilde mía, se habrá irritado al verme aquí en conversación con usted, cuando me había hecho decir que no quería recibirme.

Don Pedro   Precisamente.

Don Eduardo   Y creerá que en esto le hemos faltado al respeto.

Don Pedro   Cabal.

Don Eduardo	Y que nuestra conferencia clandestina es contra las leyes del decoro.
Don Pedro	Sí, señor, clandestina, y contra las leyes del decoro.
Don Eduardo	Y al notar yo el furor de sus miradas y el calor con que se expresa, le protesto a usted empiezo a temer además que ya no quiera atender a otras razones, que nos quiera separar, y aun para separarnos más pronto que la coja ahora mismo del brazo y se la lleve a su gabinete.
Don Pedro	Eso es, eso es, ni más ni menos, lo que voy a hacer... Vente conmigo.

(A Matilde.)

Doña Matilde	¿Pero papá?
Don Pedro	Vente conmigo.

(Llevándola como por fuerza.)

Don Eduardo	Pero señor don Pedro...
Don Pedro	¡Eh! (Volviéndose para oír lo que va a decir.)
Don Eduardo	Decía que yo también me retiraba para no ofender a usted más con mi presencia.
Don Pedro	Bien hecho... Vamos.

(A Matilde.)

Doña Matilde	Adiós, Eduardo.
Don Eduardo	Adiós, Matilde.
Don Pedro	Vamos, repito.
Doña Matilde	Fíate en mi constancia.
(Al entrarse.)	
Don Eduardo	Ya me fío.
(Yéndose.)	
Doña Matilde	Adiós.
(Desde adentro.)	
Don Eduardo	Adiós.
(Vase.)	
Bruno	¡Cómo se quieren! Como dos tortolillos ... y el amo, a pesar de eso, y sin saber por qué, los separa y los ... vaya, no hiciera otro tanto Herodes el Ascalonita.

Acto tercero

Escena I

Don Pedro y Doña Matilde

Doña Matilde   Por Dios, papá, déjese usted ablandar.

Don Pedro   No, no; nunca consentiré en semejante bodorrio.

Doña Matilde   ¿Pues no lo aprobaba usted antes?

Don Pedro   No sabía entonces lo que sé ahora.

Doña Matilde   ¿Pero qué sabe usted?

Don Pedro   Mil cosas ... sé en primer lugar que tu don Eduardo no tiene un ochavo.

Doña Matilde   ¿Y ése es acaso gran defecto?

Don Pedro   No te lo parece a ti ahora, que te sientas, por ejemplo, a la mesa, y si hay tortilla comes tortilla, sin informarte siquiera de a cómo va la docena de huevos; pero cuando seas ama de casa y veas volver a Toribio con la esportilla vacía, porque tu marido no dejó una blanca con que llenarla, ya verás entonces si se te cae la baba por la gracia.

Doña Matilde   (Aparte.) ¡Qué preocupación!...

Don Pedro   En fin, te repito que no me acomoda el yerno que me quieres dar ... ni yo sé tampoco lo que te prenda en él, porque fisonomía menos expresiva...

Doña Matilde	¡Calle usted, señor, y tiene dos ojos como dos carbunclos!
Don Pedro	Lo dicho dicho, Matilde; no cuentes jamás con mi licencia ... si te quieres casar con ese hombre y morirte después de hambre ... cásate enhorabuena, y buen provecho te haga, con tal que yo no te vuelva a ver en mi vida... Esto es lo único y lo último que te digo ... adiós... (Aparte.) Bueno será que me vaya antes que empiecen los pucheros.

Escena II

Doña Matilde

Doña Matilde	¡Que me case y que no le vuelva a ver en su vida!... y él mismo me lo indica... ¡Dios mío, qué entrañas tienen estos padres! ¡Que me case!... ¡Si sospechará alguna cosa de lo que Eduardo y yo tenemos tratado para cuando ya no haya otro recurso! ¿Y queda ya alguno por ventura? ¡Que me case!... Y bien, sí ... me casaré ... me casaré con el hombre de mi elección, con el único mortal que me es simpático, y que puede proporcionarme la mayor felicidad posible en este mundo ... la de amar y ser amada; porque o yo no sé en lo que se cifra el ser una mujer dichosa, o ha de consistir necesariamente en estar siempre al lado de lo que ella ama; en jurarle a cada instante un eterno cariño; en respirar el aire que él respire ... ¿y cuesta acaso algo de esto dinero? No, no ... por fortuna todo esto se hace de balde, por más que digan lo contrario ... y todo esto lo haré con mi Eduardo... Con él pasaré mi vida en un continuo éxtasis, y cuando una misma losa cubra al cabo de

muchos años nuestras cenizas, todavía inseparables, que vengan entonces a echarme en cara si lo que comí en vida fue potaje de lentejas, o si mi esposo tenía un miserable arriero por tatarabuelo.

Escena III

Doña Matilde, Bruno y después Don Eduardo

Bruno ¿Está usted sola?

(Entreabriendo la puerta.)

Doña Matilde Sí, ¿qué hay?

Bruno ¿Qué hay?... lo de siempre ... que el señor don Eduardo está ya ahí con ganas de parleta, y que yo, como me han hecho ustedes, «velis nolis», su corre ve y dile, me adelanto a reconocer el campo.

Doña Matilde ¿Dónde le dejas?

Bruno En el descanso de la escalera.

Doña Matilde Que suba ... y tú, oye.

Bruno Suba usted caballerito ... y yo oigo.

Doña Matilde Es necesario que te pongas en el cancel de esa puerta (A Bruno.) y que nos avises de cualquier ruido que adviertas en el cuarto de papá, no sea que salga y nos sorprenda.

Don Eduardo ¿Qué tenemos, Matilde mía?

Doña Matilde	Nada bueno, Eduardo; papá me acaba de asegurar que jamás me dará su consentimiento.
Don Eduardo	¡Será posible!
Doña Matilde	Y tanto como lo es ... me ha dicho también mil horrores de usted...
Don Eduardo	¡De mí!
Doña Matilde	En primer lugar, y según costumbre, que era usted pobre.
Don Eduardo	Pero usted le habrá respondido, según costumbre...
Doña Matilde	Lo bastante para indicarle que esto es la mayor perfección que usted tiene a mis ojos.
Don Eduardo	Muchas gracias.
Doña Matilde	En seguida se ha ensangrentado con la familia de usted ... con su persona ... vamos, le aborrece a usted con sus cinco sentidos ... ¡ya ve usted si es injusticia!
Don Eduardo	¿Y ya ve usted si me lo parecerá a mí?
Doña Matilde	Así confieso que ya no me queda esperanza alguna.
Don Eduardo	Ni a mí tampoco ... verdad es que nunca la tuve ... de ahí que no me haya dormido, y que si usted quiere...
Doña Matilde	Explíquese usted.

Don Eduardo	Sepa usted que si bien es cierto que he gastado hasta el último real que poseía, también lo es que ya tengo todo listo para nuestro casamiento ... dispensa, cura, testigos, cuarto en que vivir, un poco alto sin duda ... como que está en un quinto piso ... pero en buena calle ... en la calle del Desengaño ... en fin, nada falta ... sino que usted se decida ... y dentro de media hora...
Doña Matilde	¡De media hora!
Don Eduardo	Nos sobra aún tiempo, porque ni usted necesita más de diez minutos para prepararse, ni yo más de veinte para dar mis últimas órdenes, volver a esta calle, aprovechar el primer momento en que no pase gente, avisar a usted de ello con tres palmadas, recibirla cuando baje y conducirla en dos brincos a la iglesia, cuya puerta, por fortuna, tenemos casi enfrente de esa reja.
Doña Matilde	No decía yo eso, sino que tanta precipitación ... estas cosas, Eduardo, necesitan siempre pensarse algo.
Don Eduardo	¡Al revés Matilde! estas cosas, si se piensan algo no se hacen nunca ... porque ... ya ve usted ... a cada paso ocurren nuevas dificultades. Se trasluce entretanto el proyecto ... se suscitan persecuciones ... hay encierros a pan y agua en calabozos subterráneos, hay vapuleo no pocas veces ... y si desgraciadamente hubiera esto para nosotros, no sé yo luego cómo nos habíamos de casar.
Doña Matilde	¡Oh! Eso es muy cierto ... dígalo si no Ofelia ... la del castillo negro.

Don Eduardo	Y Malvina, y Etelvina, y Coralina, y otras mil víctimas desaventuradas de la injusticia paterna, a quienes han enterrado con palma por andarse en miramientos. Conque vamos Matilde mía, ¿qué resuelve usted? Mire usted que cada instante se pierde...
Doña Matilde	No sé lo que haga ... salirse una así de su casa sin...
Don Eduardo	Pues si no, ¿qué otro camino tenemos? A menos que usted, arredrada con los peligros que pueden amenazarnos, no se arrepienta de sus juramentos y...
Doña Matilde	¡Yo arredrada! ¡yo arrepentida! No crea yo que me calumniara usted de ese modo, Eduardo, después de tantas pruebas como le tengo a usted dadas de mi amor...
Don Eduardo	No es que yo dude ... ¿ni cómo había de dudar ... cuando esta misma mañana ... allí ... delante de aquel cuadro de Atala moribunda, me prometió usted casarse conmigo y seguirme, aunque fuera al fin del mundo? sino que ... haciendo una hipótesis casi imposible, decía...
Doña Matilde	Dichoso usted que tiene la cabeza para hipótesis ... no me sucede a mí otro tanto ... y si al cabo cedo a las instancias de usted...
Don Eduardo	¿Cede usted a mis instancias? ¡Oh! ¡qué ventura!
Doña Matilde	Sí, hombre injusto; y para ceder mejor a ellas cierro los ojos sobre todas las consecuencias ... diga usted ahora que soy tímida, o que soy...

Don Eduardo	Digo, Matilde, que es usted una hembra extraordinaria ... una verdadera heroína de novela ... y arrojándome a sus pies protesto.
Bruno	Que el amo bosteza.

(Sin dejar su puesto.)

Don Eduardo	¡Caramba! si se fastidia de estar solo y sale ... no, no... (Levantándose.) aprovechemos los momentos ... ahora son las ocho de la noche ... conque así, Matilde, a las ocho y media me tiene usted al pie de aquella reja.
Doña Matilde	Bueno; entonces ya me tendrá usted también pronta.
Don Eduardo	No olvide usted la seña, tres palmadas mías.
Doña Matilde	Me parece mejor que intercale usted entre la segunda y la tercera un gran suspiro para que no sea tan fácil el que yo pueda equivocarme, si acaso hubiera otra intriga amorosa en la calle.
Don Eduardo	Observación muy prudente ... suspiraré entre la segunda y la tercera.
Doña Matilde	Pues lo demás déjelo a mi cargo, que Bruno y yo dispondremos el cómo burlar la vigilancia de mi padre.
Don Eduardo	No hay más que hablar. Adiós bien mío.
Doña Matilde	Adiós.

Don Eduardo	Ah, se me pasaba el recomendar a usted que no traiga consigo alhaja alguna, ni dinero ni cosa que lo valga, porque dirían que yo...
Doña Matilde	Pierda usted cuidado ... una muda o dos cuando más, con las cartas que usted me ha escrito, el retrato de Atala, la sortija de alianza, y la rosa que usted me dio en el primer rigodón que bailamos juntos, y que conservo en polvo, envuelta en un papel de seda; esto es todo lo que pienso llevar.
Don Eduardo	Ni necesita usted más. Adiós otra vez.

Escena IV

Doña Matilde y Bruno

Doña Matilde	Adiós ... Bruno.
Bruno	¿Señorita?
Doña Matilde	¿Te enteraste de lo que hemos tratado?
Bruno	Ni jota ... como tenía que atender a lo que pasaba por allá dentro...
Doña Matilde	Pues has de saber ... pero antes jura que no lo has de decir a nadie.
Bruno	Digo que no lo diré a nadie.
Doña Matilde	Júralo.
Bruno	Cuando prometo yo una cosa...

Doña Matilde	Bueno ... escucha ahora.
Bruno	¿Qué es ello? (Con curiosidad.)
Doña Matilde	¿Me quieres, Bruno?
Bruno	Toma, ¿y para eso tantos aspavientos?
Doña Matilde	Es que si tú no me quieres ... (y mira, Bruno, que me has de querer mucho.) de lo contrario es inútil que te refiera nada, porque ni me ayudarías ni ... conque así responde, ¿me quieres mucho, Bruno?
Bruno	¿Que si la quiero a usted? Buena pregunta, cuando la he visto a usted nacer, como quien dice, y la he arrulla-do, y la he dado papilla y la he...
Doña Matilde	Tienes razón ... y por lo mismo me decido ahora a confiarte que me caso esta noche con don Eduardo.
Bruno	¡Oiga! Su padre de usted consintió al cabo...
Doña Matilde	No tal, antes al contrario se opone a ello.
Bruno	¿Y dice usted que se casa?
Doña Matilde	Dentro de media hora ... ahí está el misterio.
Bruno	No puede ser eso entonces, niña.
Doña Matilde	Te digo que sí ... Don Eduardo lo ha arreglado ya todo, y me vendrá a buscar dentro de media hora para llevarme a la iglesia.

Bruno	No será el hijo de mi madre el que le abrirá la puerta.
Doña Matilde	No importa, porque precisamente tengo decidido el salir por la ventana.
Bruno	¿Por la ventana?
Doña Matilde	Por esa reja, quise decir, cuya llave tienes tú, y que está tan baja que con la ayuda de una silla, cualquiera puede...
Bruno	Según eso, ¿usted cree que yo le voy a dar la llave?
Doña Matilde	¿Por qué no?
Bruno	¿Y también quizá que yo mismo le pondré la silla para encaramarse?
Doña Matilde	¿Quién había de ser?
Bruno	¿Y quien la sostendrá de los brazos hasta que el señor don Eduardo la recoja en los suyos?
Doña Matilde	Sí.
Bruno	Pues se engañó usted de medio a medio.
Doña Matilde	¡Cómo!
Bruno	Y ahora mismo voy a noticiar al amo todo este fregado.

(Hace que se va.)

Doña Matilde	¡Detente!
Bruno	No faltaba más ... ¡una niña bien nacida pensar en semejante gitanada!
Doña Matilde	¡Bruno!
Bruno	¡Y proponérmela a mí, que he comido treinta y cinco años el pan de su padre!
Doña Matilde	Pero escucha, por Dios...
Bruno	Ni por la Virgen ... todo lo sabrá el señor don Pedro.
Doña Matilde	Recuerda que prometiste...
Bruno	Si prometí fue en la suposición de que sería cosa inocente...
Doña Matilde	¿Qué hará luego mi padre?
Bruno	¿Qué? Encerrar a usted bajo llave si no desiste...
Doña Matilde	¡Encerrarme ... a mí!... Bruno, está visto ... me quieres precipitar ... pues bien ... lo lograrás ... ¿ves este papel?...
Bruno	¿Y qué hay en ese cucurucho?
Doña Matilde	Píldoras.
Bruno	¿De jalapa?
Doña Matilde	De rejalgar.

Bruno	¡Jesús mil veces!
Doña Matilde	Que don Eduardo me trajo esta mañana.
Bruno	¡Habrá bribón!
Doña Matilde	A petición mía ... porque una mujer desgraciada no puede estar sin un poco de veneno en su ridículo.
Bruno	Maldita la necesidad que veo yo de eso...
Doña Matilde	A grandes males, grandes remedios ... así ... tenlo por cierto ... si das otro paso hacia la puerta con tan vil propósito, ni una píldora dejo de todo el cuarterón que no me trague.
Bruno	¡Condenadas boticas!
Doña Matilde	Y me verás caer aquí redonda, lo mismo que si me hubieras dado un trabucazo.
Bruno	No haga usted tal ... tenga usted compasión de su pobre padre y de mí...
Doña Matilde	Tenla tú de la desventurada Matilde.
Bruno	Yo ... sí ... pero...
Doña Matilde	¿En fin, qué determinas?
Bruno	Vaya ... no diré nada, con tal que me dé usted esas píldoras para...

Doña Matilde	¿Y me ayudarás también?
Bruno	Eso no, porque...
Doña Matilde	Que me las trago.
Bruno	Sí, sí, ayudaré ... haré todo lo que usted quiera ... pero vengan esas píldoras, repito.
Doña Matilde	Qué desatino ... no ves que me desarmaría si te las diera... Lo que haré será guardarlas en donde las guardaba antes, para el caso en que intentes todavía venderme.
Bruno	¡Paciencia!
Doña Matilde	Ahora paso a decirte lo que exijo de ti, y es que si papá viene a esta sala, en tanto que yo entro en mi cuarto a recoger algunas frioleras, trates de alejarle de aquí con cualquier pretexto.
Bruno	(Aparte.) Ojalá viniera.
Doña Matilde	Que cuides de que no haya luz...
Bruno	En soplando las que están encendidas...
Doña Matilde	Y que la reja esté abierta para cuando yo vuelva.
Bruno	Si sé donde puse la llave, que me...
Doña Matilde	Ya la encontrarás ... no se te olvide nada ... ¿lo entiendes? y yo me voy a lo que dije ... cuidado que es

menester que una mujer tenga cabeza para atar tantos cabos.

Escena V

Bruno

Bruno   Más cabeza se necesita para desatarlos ... y a fe que la mía no acierta el cómo ... ello sin las malditas píldoras ... bastaba con que yo cantara de plano ... pero si la chica ... que se ha echado el alma atrás ... lo sospecha y en un abrir y cerrar de ojos ... zas ... se engulle media docena de los tales confites ... ¡vea usted entonces qué desgracia!... ¡qué sentimiento para todos!... y que es capaz de hacerlo lo mismo que lo dice ... sí, señor, lo mismo, porque hay mujeres que por salirse con lo que se les pone entre ceja y ceja comerán ... no digo yo rejalgar, sino ... ¿por otra parte puedo yo callarle a mi pobre amo una cosa que tanto le interesa? que tanto interesa al honor de la familia ... imposible ... y mucho más cuando quizá su merced encontraría algún medio término ... alguna estratagema ... calle, ¡una palmada junto a nuestra reja! ¡otra! si pudiera atisbar ... ¡San Bruno y qué suspiro! ¡suspiro de alma de pena!... ¡tercer palmada!... si será nuestro perillán... (Se asoma a la ventana y habla con don Eduardo, que está en la calle.) cabalito ... él es ... cé, cé, don Eduardo ... soy yo ... el mismo que viste y calza ... ¿eh? no, no está todavía aquí ... tenga usted un poco de paciencia ... en efecto van a dar las ocho y media ... ya veo que es una pistola lo que usted me enseña ... ésta es otra que bien baila: que se levantará la tapa de los sesos si al dar la campanada de la media no está ya doña Matilde en la calle ¡qué diablura! Diga usted, don Eduardo ... diga usted ...

sí, se marchó renegando a la esquina opuesta ... pues por Dios ... que estamos frescos ... veneno por aquí ... pistoletazo por allá, y a todo esto el amo metido en su aposento...

Escena VI

Don Pedro y dicho

Don Pedro	(Aparte.) Necesito no descuidarme si he de llegar a tiempo de ponerme junto a un confesonario sin que me vean...
Bruno	¡Ah! ¡Señor don Pedro de mi vida!... ¡algún ángel le ha traído a usted tan a punto!
Don Pedro	No me entretengas, Bruno, que estoy muy de prisa.
Bruno	Dos palabras tan solo.
Don Pedro	Ni media.
Bruno	Sepa usted...
Don Pedro	No quiero saber nada, déjame.
Bruno	Que la señorita...
Don Pedro	Ya me lo dirás cuando vuelva ... suelta.
Bruno	Es que cuando usted vuelva ya no quedará mucho que decir, porque doña Matilde...
Don Pedro	Suelta, suelta, o vive Dios...

Bruno	Ya suelto, pero luego no se queje usted...
Don Pedro	Luego me las pagará todas juntas el que haya contribuido a ofenderme.
Bruno	¡Oídos que tal oyen!
Don Pedro	Y para eso hice afilar el otro día mi espadín de acero.
Bruno	Y por eso cabalmente quiero yo hablar ahora, y contar a usted...
Don Pedro	Calla.
Bruno	Pero si no me deja usted hablar, ¿cómo quiere usted...?
Don Pedro	Calla, y hasta después que ajustaremos cuentas... (Aparte.) Pobre Bruno, no le queda mal susto en el cuerpo.

Escena VII

Bruno, y después Doña Matilde

Bruno	¡No sabía yo lo de la afiladura del espadín! Con esto, y con que después se le antoje el que yo tuve arte o parte en el negocio ... y me atraviese como un palomino... Dígole a usted que ... vamos, por más que lo miro y lo remiro ... no hay escapatoria ... tiene que acabar la tragedia ... porque a la altura en que estamos ... es claro que o se matan ellos o los mata don Pedro, o me mata éste a mí ... o se mata él ... o nos morimos todos de pesadumbre ... lo dicho ... tiene que haber muertes

... tiene que haberlas necesariamente ... a menos que un milagro...

Doña Matilde	¿Salió mi padre?
Bruno	(Aparte.) Adiós con mi dinero ... ya está aquí doña Matilde.
Doña Matilde	¿No me respondes si salió mi padre?
Bruno	Salió, y como un rehilete ... no sé yo lo que podía urgirle tanto ... pero ... ¿qué hace usted?...
Doña Matilde	Lo que tú has olvidado ... apagar las velas...
Bruno	¿Que es de rigor en tales aventuras el andar a tientas?
Doña Matilde	Es prudencia por lo menos para evitar el que la vecina de enfrente fisgonee lo que va a pasar en este cuarto.
Bruno	¡Ay!

(Dase con la cabeza contra la pared.)

Doña Matilde	¿Qué es eso?
Bruno	No es cosa, un chichón que debo a la vecina de enfrente.
Doña Matilde	¡Y todavía no has abierto la reja!
Bruno	¿Para qué? ¿Si se ha de ir usted al cabo, no vale más el que se salga usted por la puerta?

Doña Matilde	No lo creas ... eso cualquiera lo haría ... y es también menos dramático.
Bruno	¿Menos qué?
Doña Matilde	Vaya, despáchate en abrir la reja ... mira que creo que ya ha dado la media.
Bruno	¿Qué había de dar? no, señora ... ni por pienso... Dios nos libre de que hubiera dado.
Doña Matilde	¿No abres?
Bruno	Aquí tengo la llave; pero antes reflexione usted, hija mía, la pesadumbre que va usted a dar a su padre con este escándalo ... y lo que...
Doña Matilde	¿Oyes ahora la media?
Bruno	Virgen del Tremedal... (Corriendo a la ventana.) ¡Allá va, allá va!...

(Gritando a don Eduardo.)

Doña Matilde	¡Cómo! ¿A quién gritas?
Bruno	Nada, nada.
Doña Matilde	¡Ah traidor! ya te entiendo ... pero antes que vengan a sorprendernos apelaré a mi último recurso.

(Hace como que saca las píldoras.)

Bruno	Tenga usted el brazo; (Corriendo a doña Matilde.) tire usted esas píldoras, que es a don Eduardo a quien yo avisaba... (Vuelve a la ventana.) Allá va, allá va... Repito que es don Eduardo a quien yo... (Vuelve a doña Matilde.) ¡ay qué sudor frío me ha entrado!
Doña Matilde	¿Pues por qué no me decías que don Eduardo estaba ya esperándome?
Bruno	Porque ... porque ... bueno estoy yo ahora para decir el porqué de nada, y si me sangraran...
Doña Matilde	En suma, ¿quieres o no quieres abrir la reja?
Bruno	En este instante... (Aparte.) Empecemos al menos por salvar dos vidas ... ¡qué premiosa está!
Doña Matilde	Pon luego una silla.
Bruno	Pongo una silla.
Doña Matilde	¿Y está ya don Eduardo?
Bruno	Le estoy tocando con la mano la copa del sombrero.
Doña Matilde	Entonces ... ¿dónde dejaré la carta para papá?... y muy contenta que estoy con ella ... ¡oh! me ha salido muy tierna y muy respetuosa ... mucho más tierna que la de Clari en la ópera ... aquí la pondré sobre la mesa ... ahora vamos ... no; me falta todavía que implorar al cielo, y rogar también por mi padre.

(Se pone de rodillas.)

Bruno	¡Si la tocará Dios en el corazón!
Doña Matilde	Ahora quiero besar la poltrona (Se levanta.) en que duerme papá la siesta ... la mesa ... la jaula de la cotorra ... adiós, muebles queridos ... adiós, paredes que me guarecisteis durante mis primeros ... mis más dichosos años ... y que quizá no volveré a ver más ... dame la mano, Bruno ... adiós, Bruno ... que seas feliz ... que me vengas a ver ... ¡ay, que me caigo!...
Bruno	No tenga usted cuidado ... y déjese usted ir ... ¡maldito alfiler!
Doña Matilde	Que consueles a mi padre.
Bruno	A buena hora, mangas verdes ... téngala usted, don Eduardo ... así ... ya llegó al suelo ... y corren como gamos ... y ya llegan a la iglesia ... y ya entran y ... Dios los haga buenos casados ... quitémonos ahora de la reja ... cerrémosla ... y cuidemos antes de todo de esconder el espadín de acero.

Acto cuarto

Escena I

Doña Matilde Y Don Eduardo

Doña Matilde	¡Lo que tarda en encenderse esta lumbre!
Don Eduardo	Si no soplas derecho.
Doña Matilde	Será culpa del fuelle.
Don Eduardo	Mira cómo se va el aire por los lados.
Doña Matilde	¡Ay! que no puedo más.
Don Eduardo	Vaya, se conoce que éste es el primer brasero que enciendes en tu vida ... dame, dame el fuelle.
Doña Matilde	Tómale enhorabuena ... y despáchate, por Dios, que me siento muy débil.
Don Eduardo	Ya lo creo; no cenaste anoche.
Doña Matilde	¡Qué descuido el tuyo!... no tener siquiera un bocado de pan en casa.
Don Eduardo	Como nunca tienes apetito en semejantes días...
Doña Matilde	Ya, pero ... ¿y tú?
Don Eduardo	Oh, lo que es por mí no te inquietes, y si no te enfadaras te confesaría...

Doña Matilde	¿Qué?
Don Eduardo	Que por lo que podía tronar, me forré el estómago con un buen par de chuletas antes de ir a buscarte.
Doña Matilde	¡Pues estuvo bueno el chiste!
Don Eduardo	Ya pienso que puedes arrimar la chocolatera al fuego.
Doña Matilde	¡Y qué enorme armatoste!
Don Eduardo	¿Sabrás hacer chocolate?
Doña Matilde	Creo que se echa primero el chocolate partido a pedazos...
Don Eduardo	No me parece que es eso...
Doña Matilde	Entonces echaré primero el agua...
Don Eduardo	Tampoco.
Doña Matilde	Pues no hay más que echar las dos cosas a un tiempo.
Don Eduardo	Dices bien ... y una onza entera, otra partida ... así no podemos errarla de mucho ... pon más agua.
Doña Matilde	¡Si le he puesto cerca de un cuartillo!
Don Eduardo	Y ¿qué es un cuartillo para dos jícaras?... llena la chocolatera, llénala.
Doña Matilde	¡Hombre!

Don Eduardo	Llénala, y no empecemos con economías.
Doña Matilde	Ya lo está.
Don Eduardo	Divinamente; y volviendo a lo de anoche, ¿creerás, Matilde, que todavía me río al recordar lo asustada que estabas durante la ceremonia?
Doña Matilde	Pues mira, mayor fue, si cabe, mi congoja al subir esta eterna escalera a tientas, al tardar diez minutos en acertar con el agujero de la llave, al encontrarme después sola y sin luz en este aposento desconocido y frío, sin atreverme a dar un paso por no tropezar con algún mueble, hasta que volviste con el candelero que te prestó la vecina.
Don Eduardo	¡Bendita vecina!... por ella nos escapamos anoche sin un chichón cada uno cuando menos, y a fe que hubiera sido de mal agüero.
Doña Matilde	Ya empieza a hervir el agua.
Don Eduardo	Y también deduzco del gesto que hiciste involuntariamente al entrar yo con la luz y recorrer tú con la vista el cuarto en que te hallabas, que te sorprendió en gran manera su pelaje.
Doña Matilde	¡Qué disparate!
Don Eduardo	Vaya, la verdad. ¿No esperabas hallar otra cosa?
Doña Matilde	¡Oh! lo que es eso...

Don Eduardo	¿No esperabas el que los muebles, aunque pocos y sin embutidos, fueran siquiera de caoba y nuevos? el que hubiera cortinas de muselina blanca, aunque sin guarniciones ni flecos?
Doña Matilde	No, eso no ... ya sé yo que la caoba y la muselina no se han hecho para casas pobres ... pero hay muebles bastante bonitos de cerezo o de nogal ... hay cortinas muy baratas de percal o de zaraza ... y si juntas a eso unas paredes recién blanqueadas, unos pisos muy fregados, unas ventanas con sus correspondientes tiestos de flores, y otras bagatelas semejantes que cuestan poco o nada, resultará de todo cierta elegancia en la misma pobreza, que...
Don Eduardo	Dime, Matilde, ¿has entrado en muchas casas pobres?
Doña Matilde	En la de la vieja de la Alameda...
Don Eduardo	Ya me lo sospechaba yo...
Doña Matilde	Y además he leído mil descripciones muy verídicas, y por ellas...
Don Eduardo	¡Que se va el chocolate!
Doña Matilde	¿Qué dices?
Don Eduardo	Quítalo presto de la lumbre.
Doña Matilde	¡Ay!
Don Eduardo	¿Te quemaste?

Doña Matilde	Todo el dedo meñique.
Don Eduardo	¡Qué desgracia!
Doña Matilde	No es eso lo peor, sino que como me dolía solté la chocolatera, y...
Don Eduardo	¿Y se habrá apagado el fuego?
Doña Matilde	Completamente.
Don Eduardo	¡Cómo ha de ser! En encendiéndola otra vez...
Doña Matilde	¡Otra vez!
Don Eduardo	Aquí tengo las dos onzas restantes...
Doña Matilde	¡Pero eso de soplar otra hora y media!...
Don Eduardo	¿Qué remedio tiene? a menos que no prefieras el que cada cual se coma cruda la onza que le corresponde...
Doña Matilde	Ello todo es chocolate.
Don Eduardo	Y en bebiendo luego un buen vaso de agua...
Doña Matilde	Así tendremos también más lugar para hablar de nuestras cosas.
Don Eduardo	Para establecer desde luego nuestro método de vida.
Doña Matilde	Y el empleo de las horas del día. Ea, pues, venga mi onza, y sentémonos.

Don Eduardo	Tómala, y sentémonos ... ¿en qué piensas?
Doña Matilde	En nada ... en que papá estará ahora desayunándose, y...
Don Eduardo	También nosotros ... más frugalmente ... pero...
Doña Matilde	¡Oh! lo que es por eso ... en estando a tu lado ... y la ventaja de no tener criados que nos murmuren, ni sibaritas que nos importunen con sus visitas...
Don Eduardo	¿Qué habíamos de tener?
Doña Matilde	Disfrutando en cambio de independencia y de tranquilidad.
Don Eduardo	Por supuesto.
Doña Matilde	Y esto de vivir tranquilos, Eduardo, esto de que nadie venga a desencantarnos con su odiosa presencia en uno de aquellos momentos deliciosos.
Don Eduardo	¡Calla! ¿Llamaron?
Doña Matilde	Creo que sí.
Don Eduardo	Habla bajo.
Doña Matilde	Pero que...
Don Eduardo	Más bajo.
Doña Matilde	¿Quieres que abra?

Don Eduardo	No, no … pero ve de puntillas, y mira si por la rendija puedes atisbar quién es.
Doña Matilde	Voy … es un viejecito barrigoncito, con calzones de pana y medias rayadas.
Don Eduardo	¡Él es!
Doña Matilde	¿Quién dices?
Don Eduardo	El diablo.
Doña Matilde	¡Jesús mil veces!
Don Eduardo	O el casero, que es lo mismo … ¿dónde me esconderé?
Doña Matilde	¡Esconderte!
Don Eduardo	Allí … debajo de la cama … y tú abre luego, y dile que he salido muy temprano, y que no volveré hasta la noche.
Doña Matilde	Eduardo...
Don Eduardo	Abre ya … antes que nos rompa la puerta.

(Al meterse debajo de la cama.)

Doña Matilde	Pero, Eduardo, no entiendo...
Don Eduardo	Abre, abre.

(Se mete enteramente.)

Doña Matilde	¡Dios mío! ¿Qué querrá decir esto?

Escena II

El Casero y dichos

Casero   ¡Vaya, y qué dormida estaba usted!

Doña Matilde   No señor, sino que...

Casero   ¿Y el señor don Eduardo?

Doña Matilde   Acaba de salir...

Casero   ¡Calle! ¡Y me había prometido que me pagaría por la mañana el mes adelantado!

Doña Matilde   Es que...

Casero   ¡Mal principio ... muy malo, a fe mía! ¿Y cuando estará de vuelta?

Doña Matilde   Me dijo que volvería al anochecer y que luego...

Casero   ¡Al anochecer!... Salir en un día de tornaboda a las ocho de la mañana y no volver hasta el anochecer, dígole a usted que no me da buena espina.

Doña Matilde   Puede que vuelva más pronto, y...

Casero   Pues no crea que a mí me ha de traer como a un zarandillo ... y lo que son los trastos no valen ni treinta reales.

Doña Matilde   Caballero, mi marido es incapaz de...

Casero	¡De pagar a su casero, eh?
Doña Matilde	No digo eso, sino que aunque somos pobres somos personas de honor, y que...
Casero	Sí, sí, personas de honor sin dinero ... eso es lo que yo me temía ... y ésos son los peores inquilinos.
Doña Matilde	(Aparte.) ¡Qué insolencia!
Casero	Pero repito que no se juega conmigo ... dígaselo usted así, y que si esta noche no me baja los tres duros, mañana pongo a ustedes en la calle con todos sus cachivaches...

Escena III

Doña Matilde Y Don Eduardo

Doña Matilde	¿Tratar de ese modo a una señora?
Don Eduardo	¡Matilde! ¿Se fue ya?

(Asomando la cabeza.)

Doña Matilde	Ya se fue.
Don Eduardo	Pues entonces prosigue aquello que decías (Saliendo de debajo de la cama.), de que era gran cosa el poder vivir tranquilos y sin que nadie...
Doña Matilde	Sí, buena es la tranquilidad que vamos disfrutando por cierto.

Don Eduardo	¡Toma, ya te desanimas!
Doña Matilde	No, pero sí extraño cómo has tenido paciencia para oír tanta grosería.
Don Eduardo	En efecto, merecía el gran vinagre que le hubiera tirado los tres duros a la cabeza.
Doña Matilde	Y ¿por qué no lo has hecho?
Don Eduardo	En primer lugar porque no tenía los tres duros.
Doña Matilde	Podías haberle castigado de otro modo.
Don Eduardo	No, hija, que para castigar con dignidad a un acreedor que se insolenta hay siempre que empezar por pagarle.
Doña Matilde	¡Siempre!
Don Eduardo	¿No ves que si no, se puede creer que uno ha querido zafarse a un mismo tiempo del acreedor y de la deuda?

Escena IV

La Vecina y dichos

Vecina	Buenos días, vecinita ... ¿qué tal se ha dormido?... ¿Oyeron ustedes los truenos a eso de las cuatro?... La encajera que vive en la guardilla dice que ha caído un rayo en Santa Bárbara ... pero yo no lo creo ... porque basta que la encajera diga una cosa para que yo no la crea...

Doña Matilde	Nosotros no hemos oído...

Vecina	Ya lo supongo ... ¿qué habían ustedes de oír?... si es una grandísima embustera ... muy tonta y muy presumida ... sin que yo sepa en qué se funda ... porque al cabo, ¿qué ha sido antes de casarse? ¿doncella en casa de un consejero? Y bien, también yo he sido doncella, si vamos a eso ... en casa de un covachuelista ... y un consejero y un covachuelo allá se van ... los dos tienen usía ... conque diga usted, vecina, ¿acabó usted con mi candelero?

Doña Matilde	Sí, señora, aquí está ... y muchas gracias...

Vecina	Jesús, señora, no hay de qué ... entre vecinas y amigas hoy por ti, mañana por mí ... iy nosotras que vamos a ser tan amigas!... como que vivimos en el mismo piso ... porque aquí en esta casa, como en todas, con el vecino de al lado es con quien se trata ... y nadie quiere bajarse ... ni subir escaleras ... muy bien hecho ... cada oveja con su pareja ... la marquesa con el canónigo en el piso principal ... en el segundo, el abogado con el comerciante ... en el tercero, el agente de negocios con la viuda del coronel ... así en los demás pisos ... por eso también nadie trata con la encajera ... verdad es que no hay más guardilla que la suya ... y luego ya le dije a usted que es muy necia y muy vana... Pero voyme corriendo, que dejé la sartén a la lumbre, no sea que se me queme la salchicha ... porque ha de saber usted que mi marido almuerza todos los días salchicha.

(A don Eduardo.)

Don Eduardo	¡Hola!

Vecina	Como usted lo oye ... y a fe que lo acierta ... para eso es casi un empleado ... con siete reales y lo que cae ... guarda de a caballo, para servir a usted y a Dios... Ea, quédense ustedes con él.
Don Eduardo	¿Con su marido de usted?
Vecina	No señor, con Dios ... decía que se quedasen ustedes con Dios ... vaya, que según veo me parece usted pieza... Ah, vecina, se me olvidaba, ¿necesita usted de una lavandera?
Doña Matilde	Precisamente iba yo...
Don Eduardo	Di que no.

(Bajo a Doña Matilde.)

Doña Matilde	No, señora, ya tenemos una...
Vecina	Lo siento, porque mi hermana lava muy bien ... como que lava a todas las colegialas de Loreto ... y si no fuera por cierta desgracia que tuvo ... ya se lo contaré a usted otro día ... porque ahora estoy de prisa ... agur ... ¿pues no me huele a salchicha quemada?

Escena V

Doña Matilde y Don Eduardo

Don Eduardo	¡Qué taravilla!
Doña Matilde	Y ¡qué mujer tan ordinaria!

Don Eduardo	¡Así hablas de tu amiga! (Sonriéndose.)
Doña Matilde	¡Pobre de mí si no tuviera otras amigas!
Don Eduardo	¿Cuáles?
(Sonriéndose.)	
Doña Matilde	Toma, las mismas que tenía antes de ayer.
Don Eduardo	¿Viven todas ellas en quinto piso?
(Sonriéndose.)	
Doña Matilde	¿Qué sabe esa mujer lo que dice? Amigas tengo yo, con quienes me he criado en las Salesas, que si me vieran pidiendo limosna...
Don Eduardo	Te la darían quizá.
(Sonriéndose.)	
Doña Matilde	Se gloriarían entonces de llamarse tales, más que si me vieran habitando en palacios de cristal.
Don Eduardo	O, lo que es lo mismo, en casa de un vidriero.
Doña Matilde	Ya, si no crees tampoco en aquellas amistades que se engendran en la edad preciosa...
Don Eduardo	En que no se sabe todavía lo que se quiere.
Doña Matilde	¡Qué terrible estás, Eduardo!

Don Eduardo	¿Pero no conoces que te estoy embromando? ¿De otro modo pudiera yo contradecirte en materias tan evidentes?
Doña Matilde	Eso era lo que me confundía ... pero ahora que me acuerdo ... ¿por qué me hiciste responder a la vecina que no necesitábamos de su lavandera?
Don Eduardo	Porque como no nos había de lavar de balde...
Doña Matilde	Alguien ha de lavar lo que emporquemos, sin embargo.
Don Eduardo	Preciso ... pero lo harás tú.
Doña Matilde	¡Yo!
Don Eduardo	¿Quién quieres que lo haga en tanto que no tengamos con qué pagar a otra mujer?
Doña Matilde	¡Y se me llenarán de grietas!
Don Eduardo	Como que no hay cosa peor que el jabón y el agua caliente ... mas puedes estar segura, Matilde mía, que con la misma ilusión con que tu Eduardo te besa ahora esta mano tan suave y blanca, con la misma te la besará cuando la tengas áspera como una lija y colorada como un tomate.
Doña Matilde	No lo dudo, Eduardo; pero ... pero ello de todos modos es muy desagradable ... ¡y mi pobre papá que tenía tanta vanidad con mis manos!... ¿Qué buscas?
Don Eduardo	Di, Matilde, ¿has visto por ahí algún cepillo?

Doña Matilde	¿Para qué?
Don Eduardo	Quisiera cepillarme un poco, antes de salir porque el polvillo del carbón...
Doña Matilde	¿Que vas a salir?
Don Eduardo	Ya te dije que el apoderado de mi tío, que es escribano del consejo, me ha ofrecido emplearme en su despacho como copiante ... cuando tenga que copiar, se entiende ... y voy a ver si me adelanta cien reales, a cuenta de mis futuros garabatos, para pagar el casero y para ir viviendo.
Doña Matilde	Y ¿qué me he de hacer yo entretanto, sin libros, sin piano...?
Don Eduardo	En efecto, no tienes hoy mucho que trabajar...
Doña Matilde	¡En que trabajar!
Don Eduardo	Solo levantar la cama, barrer el cuarto, y ... pero, lo que es desde mañana, ya me dirás si te queda tiempo para fastidiarte.
Doña Matilde	¿También tendré que barrer mañana?
Don Eduardo	Todos los días, ia ti que te gusta tanto la limpieza! y tendrás asimismo que guisar, fregar, jabonar, planchar, coser, remendar, y hacer en fin, todo aquello que hace una mujer casada sin criada.

Doña Matilde	Ay, Eduardo, ¿sabes que es dinero muy bien gastado el de los salarios?
Don Eduardo	¿Quién dice que el dinero no sirve alguna vez de algo? pero no muy a menudo ... y si uno va a considerar todos sus inconvenientes ¿crees tú que ... no son éstas que dan las nueve? ¡Cáspita y qué tarde!... Con esto y con que haya salido ya mi escribano, nos quedemos también sin comer... Adiós vida mía, abrázame.
Doña Matilde	Anda con Dios.
Don Eduardo	¡Otro abrazo ... otro ... es tanto lo que te quiero! Adiós.

Escena VI

Doña Matilde

Doña Matilde	Ay, no sé lo que tengo ... pero ... no, no me siento muy buena... ¡Ay! ¡Si se pudiera lavar con guantes de encerado! ¡Qué se ha de poder! ¡Luego cásese usted para estar todo el día sola! ¡Paciencia! ¡Pícaros autores! dejarse precisamente en el tintero lo que las pobres habían tenido que trabajar entre sus cuatro paredes!... y ello ninguna tenía criada ... como yo ... y habían tenido todas que empezar cada mañana por levantar sus camas ... como yo voy a levantar la mía ... porque si yo no la levanto ... vamos allá ... ¡aquella Juana si que despachaba en casa todas estas cosas en un santiamén! como que estaba acostumbrada ... y yo desgraciadamente no lo estoy... ¡Lo que pesa el colchón! (Lo pone en el suelo.) ¡Pues el jergón!... (Ídem.) ¡Ay, descansemos un poco!

(Se sienta sobre uno de ellos.)

Escena VII

La Marquesa y dicha

Marquesa   ¿Vive en este cuarto una mujer que lava encajes?...
                  Pero ¿qué ven mis ojos? ¡Matilde!

Doña Matilde   ¡Clementina!

Marquesa   ¡Tú aquí!

Doña Matilde   ¡Oh! ¡qué gusto tengo en verte!

Marquesa   ¡Y yo!... Pero ¿qué haces en este desván?

Doña Matilde   Ya te diré ... es que ... ¿y tú, estás todavía en las Sale-
                  sas?

Marquesa   Qué, si me casé hace cinco meses, y vivo precisamen-
                  te en el cuarto principal de esta misma casa.

Doña Matilde   Cuánto me alegro ... así estaremos todo el día juntas
                  y ... pues me habían dicho que era una marquesa la
                  que...

Marquesa   Ésa soy yo.

Doña Matilde   Entonces no te has casado con aquel cadete de Algar-
                  be...

Marquesa   Qué disparate; una cosa es hacer telégrafos por entre
                  las ventanas, y otra cosa es casarse.

Doña Matilde	Pero supongo que siempre te habrás casado enamorada de tu marido.
Marquesa	No lo creas ... ni le vi hasta que todo estaba tratado y firmado.
Doña Matilde	¿Y eres dichosa?
Marquesa	Así, así ... tengo coche ... dos mil reales al mes de alfileres ... y en cuanto a mi marido ... es como todos los maridos, ni feo, ni bonito, ni ... tu suerte, Matilde, es la que no me parece muy envidiable.
Doña Matilde	Al contrario ... ayer me casé con el hombre que adoraba.
Marquesa	¡Calla! ¿Serías tú acaso la novia que estuvo a pique de acostarse anoche a oscuras?
Doña Matilde	Verdad es que...
Marquesa	¡Ja, ja!... y que no tuvo que cenar... (Riéndose.) ¡ja, ja!... Vaya, quién me hubiera dicho cuando las criadas me contaban al desnudarme tu fracaso, ¡ja, ja!...
Doña Matilde	¡Clementina!
Marquesa	Perdona, Matilde; pero es un lance tan gracioso ... ¡ja, ja!... ¡tan inesperado!
Doña Matilde	Inesperado no; y acuérdate que siempre te juré que no me casaría sino a gusto mío, y con quien no tuviera nada.

Marquesa	Sí, es cierto ... también yo lo juré, si mal no me acuerdo, y ya ves cómo lo he cumplido ... ¡pobre Matilde!
Doña Matilde	¡Me compadeces!
Marquesa	Criada con tanto regalo, y obligada ahora a tener que ganar tu vida, cosiendo o bordando, o ... porque algo tendrás que hacer para ayudar a tu marido ... que por su parte también trabajará sin duda...
Doña Matilde	Un escribano le ha dicho que le dará que copiar ... cuando tenga.
Marquesa	Pues ... a dos reales el pliego ... y tres o cuatro pliegos al día en escribiendo corrido ... buena ocupación, por vida mía ... pero dime, y tu padre ¿está furioso, eh?
Doña Matilde	Ya ves, habiéndome casado sin su consentimiento...
Marquesa	Y tiene mucha razón ... ningún padre puede aprobar el que su hija se case con un perdulario.
Doña Matilde	¡Perdulario mi Eduardo! ¡Y se ha dejado desheredar de diez mil ducados de renta a trueque de casarse conmigo!
Marquesa	Entonces tu Eduardo es un loco de atar, porque...
Doña Matilde	Basta Clementina ... tu marquesado no te autoriza para que me insultes porque me ves ahora pobre ... y mucho más cuando nada pienso pedirte.

Marquesa	Harás muy mal ... que si no se pide a las amigas cuando no se tiene que llevar a la boca, no sé yo cuándo se ha de pedir ... y yo lo he sido tuya, Matilde ... no de las íntimas ... pero ... pero siempre te he querido bien ... ya lo sabes ... y te lo voy a probar ahora mismo ... allí tengo en casa cuatro docenas de camisas de batista sin hacer del agua, y te las enviaré...
Doña Matilde	No, Clementina, mil gracias, pero...
Marquesa	Sí, te las enviaré ... para que las bordes ... y para que ... lo que había de ganar otra ... tú bordabas muy bien...
Doña Matilde	(Aparte.) ¡Qué humillación!

Escena VIII

La Vecina y dichas

Vecina	Vecinita, perdone usted que me entre así de rondón ... como la puerta estaba abierta ... y como somos uña y carne quería enseñar a usted cierta cosa ... ¡mas oiga! si tendré telarañas ... ¡su señoría la marquesa aquí! ¡Subir una marquesa ocho tramos de escalera!
Marquesa	¿Quién es esta buena mujer?
(A doña Matilde.)	
Doña Matilde	Es una vecina que...
Vecina	Soy la Nicolasa, señora ... la mujer del guarda de a caballo ... que vive en ese otro cuarto ... ya se ve ... su señoría no se acordará de mí ... porque nunca me ha

visto ... o por mejor decir nunca me ha mirado a la cara, cuando me ha encontrado al subir o bajar del coche ... aunque yo saludo siempre ... pero doña Manuela la doncella me conoce muy bien ... y le habrá hablado de mí a su señoría ... toma si le habrá hablado muchas veces ... como que por ella me tomó su señoría el otro día aquella pieza de batista.

Marquesa ¡Ah! ya caigo ... usted es la que suele proporcionar ropa y géneros de lance.

Vecina Cabalito ... como mi marido es guarda...

Marquesa ¿Y tiene usted ahora algo de nuevo?

Vecina Sí, señora, y de bueno ... a eso venía, a enseñar a la vecinita un corte de vestido de punto de Flandes ... como es recién casada ... y como nada cuesta el ver ... pero, con permiso de su señoría, cerraré la puerta ... no sea que la encajera lo olfatee y vaya con el chisme ... porque la tal encajera es capaz de todo ... y si yo fuera a contar...

Marquesa No, no, mejor será que veamos ese corte.

Vecina Aquí está ... ¡cosa superior! y por un pedazo de pan ... ochocientos reales ... ni un ochavo menos.

Doña Matilde ¡Qué bonito!

Marquesa ¡Precioso!

Doña Matilde Y qué punto tan igual.

Marquesa	¿Y la cenefa?... también es de mucho gusto.
Doña Matilde	Y de las más anchas ... sobresaldrá mucho sobre un viso caña ... ¿no te parece?
Marquesa	En efecto, y me irá muy bien como tengo bastante color ... y luego como tú ... en tus circunstancias, no puedes soñar en comprarlo...
Vecina	¡Oh! es caro bocado para un estudiante.
Marquesa	No te debe importar el que yo lo tome ... y que al fin lo tomaré ... ¿qué he de hacer? son tentaciones que...
Vecina	¿Y para qué es el dinero, señora, si no para gastar?... como dijo el otro ... y Dios le dé a su señoría mucho ... porque lo sabe emplear, y porque no regatea ... como otras usías de medio pelo que conozco yo, y que...
Marquesa	Así, Nicolasa, baje usted y le haré dar los cuarenta duros ... adiós, Matilde, ya nos veremos ... ya te avisaré alguna vez cuando esté sola ... y diré que te suban entretanto las camisas.
Doña Matilde	No, Clementina, no ... te lo agradezco ... pero no tengo tiempo ahora.
Marquesa	Como quieras ... por ti lo hacía ... mas si lo tienes a menos... ¡Pobrecilla, me da mucha lástima! (A la vecina.) Ella siempre fue un poco tiesa ... pero ya amansará, ya amansará...

Escena IX

102

Doña Matilde, y luego Bruno

Doña Matilde ¿Sueño por ventura? ¡Es ésta aquella Clementina tan sentimental, de cuya amistad estaba yo tan segura! ¡Cómo me ha tratado con su aire de protección!... ¡peor que el casero con su grosería! y compró el vestido solo por darme en ojos ... porque vio que me gustaba, y que ... ¡ah si yo hubiera tenido ochocientos reales! Sí, ¡cuándo volveré yo a tener ochocientos reales! Lo que tendré serán trabajos ... y humillaciones ... y jabonaduras ... ¡ah Eduardo! mucho te quiero, muchísimo, pero si hubiera sabido...

Bruno ¡Señorita!

Doña Matilde ¡Bruno!

(Corre a abrazarle.)

Bruno ¡Pobrecita mía! Metida en esta pocilga.

Doña Matilde ¿Y papá? ¿Cómo está papá? Pobre papá, cómo le he ofendido.

Bruno Está bueno ... no tenga usted cuidado ... y él es quien me ha dicho donde vivían ustedes.

Doña Matilde ¡Papá! ¿Pues cómo sabía...?

Bruno Qué sé yo ... algún duende ... lo cierto es que ahora me llamó, y me dijo que le siguiera hasta aquí ... que subiera solo ... y que le avisara si don Eduardo estaba fuera de casa, para que su merced entonces...

Doña Matilde	¡De veras? ¿Será posible que me quiera ver?
Bruno	Si estaba desde anoche como si tuviera hormiguillo ... y aunque no descosía sus labios, se le conocía a la legua que ... pero voy a abrirle.
Doña Matilde	Sí, corre, despáchate, ¿adonde vas? por allí está la escalera.
Bruno	No hay necesidad de que yo baje ... que su merced se quedó de centinela en la puerta principal de los Basilios, y así con una seña que yo le haga desde aquella ventana con el pañuelo...
Doña Matilde	Con el pañuelo no, que quizá no lo advierta ... toma esta sábana...
Bruno	Venga.

(Vanse los dos a la ventana.)

Escena X

Don Eduardo y Dichos

Don Eduardo	Apretemos otro poco el tornillo. (Al salir y aparte.) ¡Maldito sea el primer escribano que pisó los consejos! ¡Negarme a mí la miseria de cien reales! (Sale ahora, tira el sombrero, y se pasea como muy agitado.) Es una infamia.
Doña Matilde	Válgame Dios, ¡qué es esto!... ¿qué te ha sucedido?

(Quitándose de la ventana.)

Don Eduardo	Déjame en paz ... bribón ... tunante. Estoy por volver, y por...
Doña Matilde	Pero, Eduardo ... tranquilízate por la Virgen.
Don Eduardo	Te digo que me dejes.
Doña Matilde	Mira que te va a dar algo.
Don Eduardo	No será indigestión a buen seguro; pero, mujer, ¿qué has hecho en todo este tiempo? ¿Cómo tienes todavía así el cuarto? Vaya, que no es mala porquería.
Doña Matilde	Yo ... si ... ay, Eduardo, ¿cómo te puedes enfadar tanto conmigo?

(Llora.)

Don Eduardo	No, Matilde mía, yo no me enfado contigo ... ¿cómo había yo de enfadarme contigo? Vamos, no llores ... ¿quién no tiene un momento de mal humor? sobre todo cuando vuelve uno a su casa sin una blanca y...
Bruno	Y por eso se dijo que casa donde no hay harina...

(Quitándose de la ventana.)

Don Eduardo	Calle ... ¿aquí estaba Bruno?

Escena última

Don Pedro y dichos

Don Pedro   ¡Hija de mis entrañas!

Doña Matilde   ¡Papá, papá de mi vida!...

(Se quiere arrodillar.)

Don Pedro   ¿Qué haces? Levántate.

Don Eduardo   (Aparte.) Qué pronto ha venido este demonio de hombre.

Doña Matilde   No señor, déjeme usted que le pida de rodillas que me perdone.

Don Pedro   Todo está ya perdonado y olvidado con tal que me jures que no nos volveremos a separar en la vida.

Doña Matilde   Oh, nunca, nunca.

Don Pedro   ¿Y qué, no me abraza usted, señor don Eduardo? Ea, déme usted uno bien apretado, y salgamos pronto de este camaranchón ... que se me va la cabeza solo de acordarme...

Don Eduardo   Pero, señor don Pedro, me parece que usted no ha comprendido bien a Matilde ... ella se alegra, como buena hija, de que la vuelva a su gracia ... pero por lo demás está muy satisfecha con su suerte, ahí donde usted la ve ... y lejos de querer dejar su casa...

Don Pedro   No; no; vivirán ustedes conmigo.

Doña Matilde   Sí, sí, con usted, papá, con usted.

(A su padre en voz baja.)

Don Eduardo   Y si no ... con permiso de usted, señor don Pedro. Oye, Matilde, (Se la lleva a un lado del teatro.) ¿no es cierto que lo que a ti te acomoda es vivir tranquila en un rincón como éste, y comer conmigo un pedazo de pan y cebolla?

Doña Matilde   Si la cebolla no me recordara siempre que la como ... luego, Eduardo, hazte cargo ... ¿podemos acaso desairar a papá cuando se muestra tan bondadoso?

Don Eduardo   Según eso te resignarías y...

Doña Matilde   ¿Qué hemos de hacer?

Don Eduardo   El caso es que cada cual tiene su amor propio ... y para mí ... la verdad ... no puede ser plato de gusto el entrar en tu familia como un pobretón.

Doña Matilde   ¿Qué importa eso?

Don Eduardo   A mí mucho ... y se me caería la cara de vergüenza.

Doña Matilde   Pero, hombre, ¿no ves que tu tío te tiene, por fuerza, que perdonar también pronto?

Don Eduardo   Y ¿crees tú que me volverá a nombrar su heredero?

Doña Matilde   Como tres y dos son cinco.

Don Eduardo   Es que entonces tendríamos la dificultad del alguacilazgo y...

Doña Matilde	Tanto mejor, es un título muy distinguido ... casi tanto como maestrante.
Don Pedro	Vaya, hijos, ¿qué sale de esta consulta?
Doña Matilde	Que nos vamos con usted.
Don Pedro	¡Alabado sea Dios!
Don Eduardo	Y que mi Matilde, solo por vivir con su padre y por disfrutar a su lado de las ruines comodidades de la vida, sacrifica magnánima todos los placeres de la indigencia, que por más que digan aquellos que los han conocido sin buscarlos ... ni merecerlos ... tienen con todo mucho mérito a los ojos de ... las jóvenes de diez y siete años que leen novelas.

TELÓN

Libros a la carta

A la carta es un servicio especializado para
empresas,
librerías,
bibliotecas,
editoriales
y centros de enseñanza;
y permite confeccionar libros que, por su formato y concepción, sirven a los propósitos más específicos de estas instituciones.

Las empresas nos encargan ediciones personalizadas para marketing editorial o para regalos institucionales. Y los interesados solicitan, a título personal, ediciones antiguas, o no disponibles en el mercado; y las acompañan con notas y comentarios críticos.

Las ediciones tienen como apoyo un libro de estilo con todo tipo de referencias sobre los criterios de tratamiento tipográfico aplicados a nuestros libros que puede ser consultado en Linkgua-ediciones.com .

Linkgua edita por encargo diferentes versiones de una misma obra con distintos tratamientos ortotipográficos (actualizaciones de carácter divulgativo de un clásico, o versiones estrictamente fieles a la edición original de referencia.).

Este servicio de ediciones a la carta le permitirá, si usted se dedica a la enseñanza, tener una forma de hacer pública su interpretación de un texto y, sobre una versión digitalizada «base», usted podrá introducir interpretaciones del texto fuente. Es un tópico que los profesores denuncien en clase los desmanes de una edición, o vayan comentando errores de interpretación de un texto y esta es una solución útil a esa necesidad del mundo académico.

Asimismo publicamos de manera sistemática, en un mismo catálogo, tesis doctorales y actas de congresos académicos, que son distribuidas a través de nuestra Web.

El servicio de «libros a la carta» funciona de dos formas.

1. Tenemos un fondo de libros digitalizados que usted puede personalizar en tiradas de al menos cinco ejemplares. Estas personalizaciones pueden ser de todo tipo: añadir notas de clase para uso de un grupo de estudian-

tes, introducir logos corporativos para uso con fines de marketing empresarial, etc. etc.

2. Buscamos libros descatalogados de otras editoriales y los reeditamos en tiradas cortas a petición de un cliente.